# 理想的な利他

## 仏教から考える

平岡聡

春秋社

# はじめに

本書は「利他」を扱う。昨今、利他に関する書籍が相次いで刊行されている。その原因は、自分の利益の最大化が至上命題とされる現代社会への反動ではないだろうか。自分の利益ではなく、他者の利益を目的とする利他には、そのような風潮を相対化する可能性が秘められている。その利他を考察するにあたって、本書では「利他」という言葉の発生母胎となった仏教の利他を中心とする。

その理由は、利他という言葉の生みの親が仏教であるから、その仏教が利他をどう考えていたかを考察することで、より深く利他を理解することができると考えるからだ。利他という観点から仏教を見つめ直すと、仏教が理想的な利他のあり方を示していることに気がつく。これから、その仏教が示す理想的な利他のあり方を探っていこう。ちなみに「理想的な利他」とは、自分の利益をまったく度外視した「純粋な利他」のことではない。その点については本書において理想的な利他を考察する中で理解されてくるだろうし、第七章の最後で私見を示す。

そのための本書の構成を以下に示す。まず第一章では、本題である仏教の利他に踏み込む前に、仏教以外の分野で利他がどのように考えられてきたかを提示する。といってもそのすべてを紹介はできないので、著書として出版され、誰にでもアクセス可能なものを中心に紹介する。これにより、利他がさまざまな学問分野から考察されているテーマであることが分かるだろう。

第二章から第五章までは仏教の利他を扱う。第二章では仏教という大枠から、まず利他の前提をまとめる。利他が仏教用語としてどう使われるのか、そもそも仏教において利と他が何を意味しているのか、利他を行うことがどうして可能なのか、利他を行う上で前提になっていること、そして仏教の利他について考えようとすると避けて通れない利他と慈悲の関係についてなどである。そのさい、利他の及ぶ範囲にも注目し、動物や植物と利他について考える。

第三章では、仏教の開祖であるブッダ自身が利他をどう考えたのか、あるいは後世の仏教徒がブッダに託した利他の思いも含め、ブッダにまつわる利他の問題を考察する。仏教の起源であるブッダの利他を考察することで、仏教の利他の起源を明らかにする。それをふまえ、第四章では、仏教の中でも利他を前面に押し出すことで旧来の仏教とは違う、新たな仏教を創造した大乗仏教の利他を、「菩薩」という側面から明らかにする。

ブッダにせよ、大乗仏教の菩薩にせよ、それは利他の理想的な実践者であることは間違いないが、我々にとっては少し縁遠い存在である。そこで第五章では、日本仏教の仏教徒にスポットを当て、菩薩と呼ばれた行基、および空海や鎌倉新仏教の祖師たちの利他行を具体的事例に基づいて紹介する。

第六章では、視点を変え、キリスト教における利他の問題を取り上げる。ここではまずイエス・キリストの利他、および近代から現代にかけて活躍したキリスト教徒の利他行を紹介する。具体的には、マザー・テレサ、井深八重、そして我々の記憶に新しい中村哲の三人である。かれらの特筆すべき利他は仏教徒の利他と共通するのかしないのか、それを見極めるために、ここでキリスト教の利他の問題を整理する。

そして最終章では、全体を総括し、理想的な利他の実践の根拠は「他力」にあることを提示する。仏教もキリスト教も、その利他の根底には「他力」が働いており、これがうまく機能したときに、理想的利他が実践されると考える。

利他のあるべき姿や利他を実践する者のあり方を考える上で、本書が参考になれば幸いである。

理想的な利他——仏教から考える　目次

# 凡例

①歴史的 Buddha、すなわち釈迦牟尼（＝ガウタマ・シッダールタ／ゴータマ・シッダッタ）仏は「ブッダ」とカタカナ表記し、その他の Buddha は「仏」と漢字表記する。ただし、慣用表現は、「ブッダの滅後」ではなく「仏滅後」、「ブッダの弟子」ではなく「仏弟子」、「ブッダの伝記」ではなく「仏伝」と漢字で表記する。

②経典名を〈 〉でくくる場合は、その経典の異訳を含めた総称を意味する。つまり、〈無量寿経〉はインド原典・チベット訳（＝蔵訳）・漢訳などをすべて含んだ総称、また『無量寿経』は康僧鎧訳の漢訳経典を意味し、両者を区別する。

③インド語を記す必要がある場合は、（サンスクリット／パーリ）の順とする。

④漢数字について、固有名詞化している数字は「第十八願」、たんなる数字を表す場合は、「一八歳」等と表記することを基本とする。

⑤日本の仏典の引用については、原典の「たまふ」は「たまう」など、現代語的表現に改めている。

⑥参考文献に言及するさいには、著編者の名字［刊行年：頁数］と表記する。巻末の「引用文献ならびに主要参考文献」参照。

※　本書では、基本的に「自己」と「自我」とを区別して用いる。「自己」とは「本来的な理想の自分」、「自我」とは「非本来的な現実の自分」と定義する。後ほど詳説するように、仏教は縁起を説く。縁起にしたがえば、すべては他者との関係性（縁）によって起こるのであり、それ自体で存在してい

るものは何もない。つまり我々は縁起という真理に貫かれ、紙の表裏のような関係で他者と関係して存在している。この本来の状態が「自己」である。

しかし、人間は煩悩（執着）のせいで、他者との関係を切り離し、自分だけで存在しているかのように錯覚する。このように本来性を失い、自分だけに執着している状態を「自我」と呼ぶ。仏教はその〝自我〟を否定して〝無我〟を説き、本来の〝自己〟を取り戻すことを説く。このように、自我は否定的、自己は肯定的な意味を持つが、これを価値中立的に表現する場合は「自分」と表現する。とくに「他者」と対比させる場合は「自分」を用い、「自分と他者」とする（ただし「自己犠牲」や「自己利益」といった慣用表現などの場合は、この限りではない）。以下、三者の定義を簡略に示す。

・自分＝価値中立的表現　　・自我＝否定的表現　　・自己＝肯定的表現

## 略号表

AKBh: *Abhidharmakośabhāṣyam* of Vasubandhu (Tibetan Sanskrit Works Series 8), ed. P. Pradhan, Patna, 1975.

AṣP: *Aṣṭasāhasrikā Prajñāpāramitā* (Buddhist Sanskrit Series 4), ed. P. L. Vaidya, Darbhanga, 1960.

DN: *Dīgha-nikāya*, 3 vols., PTS.

It.: *Itivuttaka*, PTS.

Ja.: *Jātaka*, 6 vols., PTS.

Jm: *Jātakamālā or Bodhisattvāvadānamālā* by Āryaśūra, ed. H. Kern. Boston, 1891.

MN: *Majjhima-nikāya*, 4 vols., PTS.

PTS: Pali Text Society.

SP: *Saddharmapuṇḍarīkasūtra*, ed. H. Kern and B. Nanjio, St. Petersburg, 1908–1912 (Reprint: Tokyo, 1977).

Sukh.: *Sukhāvatīvyūha*, ed. M. Müller and B. Nanjio, Oxford, 1883.

T.: *Taishō Shinshū Daizōkyō*, ed. J. Takakusu and K. Watanabe, et al. 55 vols., Tokyo, 1924–1929.

Thī.: *Therīgāthā*, PTS.

Ud.: *Udāna*, PTS.

Vin.: *Vinayapiṭaka*, 5 vols., PTS.

# 理想的な利他——仏教から考える

# 第一章　多面性を持つ利他

本来「利他」は仏教用語だが、今日ではさまざまな文脈で使用される。そこで、本題の仏教における利他を考える前に、仏教以外の分野で利他がどう説かれているのかをみていく。ただし、それは広範に及び多義に亘るので、ここでは著書として出版されている中から利他を主に扱ったものにかぎって紹介する。

## 進化生物学から見た利他

「利他」の対義語は「利己」であるが、リチャード・ドーキンスの有名な著書『利己的な遺伝子（The Selfish Gene）』の公表により、「利他／利己」は進化論を理解する上でのキーワードとなった。そこで、まずは小原［2016］を手がかりに、進化生物学の視点から利他を考えてみよう。

動物の形質のほとんどすべては生存と生殖に関わる形質であり、この形質の進化は自然淘汰と性淘汰で説明できるが、ハチなどにみられる自己犠牲的利他性（自らは繁殖行動を行わず、もっぱら女王バチの繁殖個体のために身を粉にして働き、一生を終えること）はダーウィンの進化論に致命的な疑問を投げかけた。ではこのような利他性はどのように進化したのか。結論のみを記すと、このような利他的な行動は自己の利益向上を目指す互恵的利他行動であり、そうすることが結果的に自己の遺伝子複製に寄与するからであるという。つまり、血縁者への利他的行動は、形を変えた自己利益優先主義の行動ということになる。

しかし、人間は血縁者のみならず、血縁者以外の人間はもちろん、動物にも利他行動を行う。これはどう説明されるのか。小田［2011］は進化生物学を基礎に、生物学・心理学・経済学・哲学などの研究成果を紹介しつつ、科学的な視点から利他を考察しているが、以下、その要点のみを紹介しよう。

人間の利他行動のうち、遺伝子の生き残りという点からもっとも理解しやすいのは、血縁個体への利他だ。その中でも子どもは自分の遺伝子の半分を受け継いでいるから、子どもの世話をすることは結果的に自分の遺伝子を残すことになる。つまり、血縁度が高ければ高い間柄ほど、利他行動は成り立ちやすい。ここまでは常識的に理解できる。

しかし、人間の利他行動は血縁者のみならず、赤の他人にまで及ぶこともある。これを説明するのが「互恵的利他行動」の理論だ。これは後で相手から同じだけ返してもらえれば、差し引きはゼロになる、いわば「お互いさま」の精神だ。しかし、親切にした相手から直接の見返りを期待できない場合でも、人間は利他行動を行う。これは自分の利他行動が回り回って自分に及ぶことを期待するものであり、日本では「情けは人のためならず」とも表現され、「間接互恵性」と呼ばれる。

このように、血縁関係にない他人にたいする利他行動には、互恵性を通じて自らの適応度を高くするという〝機能〟があると考えられるが、ではその機能はどのような〝しくみ〟によって成り立っているのか。実験の詳細は省略するが、他者の目があると、利他性が高まるという仕組みが人間にはある。他者の目があることで、分配（たとえば布施や献金）への見返り（よい評判など）が期待され、それによって分配額が増えたと考えられる。

実際に見返りが期待できなくとも、それを「互恵的な状況だ」と積極的に〝誤解〟するようなバイアスがあれば、それまで関係のなかった他者と新たに互恵関係を築くことができる。そして、この互恵関係が人間の社会を支えているとすると、このバイアスは人類進化の過程で適応として人間に具わってきたとみることができよう。

互恵的利他行動を成立させるには、「裏切り者」と同時に「利他主義者」を見つけ出すしくみが必要となる。誰（利他主義者）に親切にし、誰（裏切り者）に親切にすべきでないかを判断することで、コストが大幅に削減できるからだ。よって人間は、外見で両者を見分けるように進化した。ただ、これについては感情の働きも無視できない。

人間には同情・嫉妬・罪悪感など、他の種にはない複雑な感情があるが、その中でも道徳に関する感情は、互恵的利他行動への適応として進化したと考える研究者もいる。罪悪感は、目先の利益に誘惑されず、他者との互恵的な関係を維持し、同情は他者への利他行動を動機づけ、その相手と新たな互恵的関係を構築するように機能する。

とくに感謝の感情は、相手にお返しを動機づけるだけでなく、利他の受け手がやり手以外の第三者に利他行動を誘発するという働きを持つ点が重要だ。つまり、感謝の感情に基づき、「親切の連鎖」が成立する。利他行動のやり手が評判を通じ、受け手以外の他者から助けてもらえる可能性が高まるが、これを「順行的互恵性」という。一方、このような感謝の念から第三者への利他行動が増えることを「逆行的互恵性」という。

では、この逆行的互恵性はどう進化したのか。人間関係が極めてランダムであるなら、自分の利他行動が巡り巡って自分に返ってくる可能性は極めて低い。しかし、空間的に閉じた集団というモデルを考えると、逆行的互恵性の恩恵を受ける確率は高くなる。このようなモデルなら、逆行的互恵性があった方が、たんに直接互恵性だけの場合よりも容易に利他行動が広がる可能性がある。人間社会では、まず直接互恵性が進化し、その後で逆行的互恵性による親切の連鎖が進化したと考えられている。

## ヒトの複雑な利他行動

では、このような人間の利他行動の起源はどこに求められ、また将来どこに向かうのか。まずは起源の問題から考えてみよう。

進化論的にいえば、六〇〇万年前、ヒトはサルと共通祖先から分岐した。とすれば、サルにも利他行動は見られるのだろうか。見られるのなら、それは共通祖先から受け継いだ可能性があるし、見られないなら、サルと袂を分かってから独自に進化したことになる。実験結果から、チンパンジーには互恵的に利益をやりとりする能力があるのはたしかだが、それは相手の要求によってはじめて可能になるのであり、人間のように自発的な行動ではないと小田は指摘する。ともかく、要求に応えて利他行動をする能力は、チンパンジーとヒトの共通祖先が持っていたと推論される。

では、ヒトの利他行動の要因はどこに求められるのか。「共同繁殖」という要因もある。多くの哺乳類はメスだけが子育てをし、オスはほとんど何もしないが、ヒトはオスが積極的に子育てに貢献する（あくまで一般論です！）。また年長の兄弟や祖母が育児に果たす役割も大きいが、このような共同繁殖において、子どもを世話し、運搬し、食物を分けるという行為を通じ、他個体への寛容さが進化し、それが利他行動へと結びついた可能性がある。それ以外にも、食物を得る際に必要とされる複雑な技術と、社会における分業が考えられる。

かぎりある時間とエネルギーをどう配分するかという「生活史」の視点から生物を見ると、生命維持・成長・繁殖という三つの区分がある。生存のためには、時間やエネルギーを、繁殖（自分の子孫〔遺伝子〕を残すこと）努力のためにどこまで犠牲にするかが問題になる。ヒトは寿命も成長期間も長いという、他の類人猿には見られないパターンがあり、これはチンパンジーと分岐した後に進化したと考えるのが妥当だが、その要因は食物の変化にあるという。

食物は、その獲得の難易度により、採集食物（そのまま食べられるもの：果実や葉）、抽出食物（何らかの手間を必要とするもの：シロアリや蜂蜜）、そして狩猟食物（獲得にかなりの手間がかかるもの：動物性タンパク質）に分けられる。チンパンジーはほとんどが採集食物であるのにたいし、ヒトは抽出食物や狩猟食物に依存するようになった。このうち男性は狩猟食物、女性は抽出食物の採集を担当するという分業が生まれ、その結果、集団内で食物分配が重要になる。この分業や分配の作業は結果的に利他性を高めることになるので、獲得するのが困難な食物への依存がヒトの利他性を育んだのではないかと考えられている。

抽出食物や狩猟食物を獲得するには技能が必要となるが、それを身につけるには長い学習時間が必要になったため、人の成長期間は長くなった。こうしてヒトに特有の「教育」という利他的な営みが誕生する。動物にも教育的な活動は見られるが、それは血縁者の間にかぎられる。一方、ヒトは血縁以外の個体を組織的かつ大規模に教育するという特徴が認められる。この教育という行為を通じて、利他行動に必要な能力が進化したとも考えられよう。

では最後に、人間固有の利他行動について、より深く考えてみる。身近な人にたいする利他と見知らぬ他人にたいする利他との関係はどうか。調査の結果、友人にたいして親切な人は見知らぬ他人にたいしても親切であり、その影響関係は友人関係で育まれた利他性が見知らぬ他者にも振り向けられているようだ。

人に見られていなくても、なぜ人は利他行動をするのか。それは他者にたいして親切にふるまうという、そのこと自体を報酬と感じるしくみがあることが脳研究から明らかになっている。おそらく、間接互恵性によって第三者への利他行動が進化し、その至近要因として、利他行動そのものを快と感じる仕組みができあがったのではないか。

ここで脳研究に言及したので、ここからは脳科学の視点から利他行動を考えてみよう。人間の脳の中で高度な情報処理を行う大脳新皮質の割合に見合った集団サイズは約一五〇人だが、互恵性のネットワークを広げていくには、これまで紹介してきた要因だけでは不十分である。ここで重要になる人間の特徴が「道徳性」だ。至近的に考えれば、「困った人を助けるのが〝道徳的に〟正しい」という意識が、人びとの利他性を支える大きな要因になっている。道徳性とは、寿命が延び、顔見知りどうしを超えた大きな社会集団を形成するようになったヒトが、その結果として身につけた〝しくみ〟なのかもしれないと小田は指摘する。

また大きな集団で利他行動を機能させるために「制度」が誕生したという。ヒトは利他行動を成立させるためのさまざまな認知的基盤を持ってはいるが、それだけでは機能しないほどに現代社会は巨大な規模となったため、利他行動は制度化されることになる。社会保障や医療保険、そして教育などの制度により、組織的にも利他は実践されるようになった。

## 脳科学から見た利他：ミラーニューロンの存在

さきほど脳科学に触れたので、ここではもう少し詳しく、脳科学という観点から人間の利他行動について考えてみよう。人間の行動を司るのが脳であるならば、利他を考える上で脳科学の視点は欠かせない。そのさいのキーワードは「共感」である。利他行動の根底には、苦しんでいる他者を見て、その気持ちに共感し、「放っておけない」と感じる共感の感情があるからだ。なぜ人間は他者に共感できるのか。それを担っているのが「ミラーニューロン」である。イアコボーニ［2009］を参考に紹介しよう。

ミラーニューロンとは、一言で表せば、自分がある行動をしているときに活性化するニューロンでありながら、その行動を他者がしているのをただ見ているときにも同じように活性化するニューロンということになる。つまり、ミラーニューロンとは、他者の行動を自分の脳内で「鏡」のように映し出す神経細胞ということになる。手をあげている人を見れば、自分が手をあげたときに発火する脳の部分が活性化するという。さらに驚くべきは、このミラーニューロンが他者の〝行動〟のみならず、その行動の〝意図〟までも識別できるという点だ。

進化論的に言えば、このミラーニューロンは人間だけが持つ特別なものではなく、すでにサルの段階でできあがったようであり、ヒトはそれを爆発的に進化させた。このようなニューロンの存在なしには、映画を見て感激したり、小説を読んで感動したりするという人間の行動は説明がつかなくなる。他者が笑えば、そして他者の笑い声を聞けば、こちらも楽しくなり笑い出すし、また他者が泣きながら悲しい話をすれば、こちらも涙腺が緩み、悲しい気分になる。このような「共感」のプラットフォームは、ミラーニューロンにあったということになる。これは視覚刺激のみならず聴覚刺激も同じらしい。

そう考えると、「模倣」が重要な意味を持ってくる。見聞だけで人間の脳は相手を理解するのであるから、実際の行動を模倣することは、他者理解に役立つ。ロールプレイの意義もそこにある。また、学習（教育）も模倣なしには成立しない。赤ちゃんの学習行動を見れば一目瞭然だ。新生児の脳にはこうした初歩的な模倣（シミュレーション）行動をやらせることのできる、生まれつきのメカニズムが存在しているとイアコボーニは言う。このように、ミラーニューロンの助けによって、我々は他人の意図を自分の脳内で再現し、他人の心理状態を深いところまで理解できる。

またミラーニューロンは、言語の発達や進化を考える上でも重要になる。言語の起源が身ぶり手ぶりにあることは昔から指摘されているが、実験の結果、人間の脳の主要な言語領域が模倣にとっても重要な領域であり、しかもミラーニューロンを含んでいるという。つまり、自分が発声しているときに活性化される運動性言語野が、他人の発声を聞いているときにも自分が話しているかのように活性化するらしい。このように、他人の発声をそっくり脳に反映（ミラーリング）することは、我々が他人の発声を知覚する上で必須の条件となる。

## スーパーミラーニューロンの存在

以上の所論から、ミラーニューロンの存在により、我々は他者に共感できるということが理解された。イアコボーニはこのような状態を表現するのに、しばしばメルロ＝ポンティを引用し、「他人の意図が私の身体に住み着き、私の意図が他人の身体に住み着くようなもの」、あるいは「私は他人の表情の中に生きている。と同時に、相手が私の中に生きているのを感じる」と述べる。

仏教的に言えば、自分と他者とは縁起という相依的な関係にあり、それぞれ個別に存在しえないのであるから、メルロ＝ポンティの指摘は正しいし、ミラーニューロンがあるからこそ、共感に基づく相互理解が可能になる。しかし、これだけでは自分と他者との境界は曖昧になり、自分と他者とが同化してしまわないか。私の脳はどうやって私の行動とあなたの行動を区別するのか。現実には両者が混同することはないが、では脳は実際にどうやって両者を区別しているのか。そこで考え出されたのがスーパーミラーニューロンだ。

模倣におけるミラーニューロンの役割について調べた実験によると、頭頂弁蓋という脳の領域は、手の動きを実行しているときよりも模倣しているときの方に高い活性化を示した。ミラーニューロンの性質はともすると、自分の行動の主体が自分自身であるという意識を失わせかねないので、脳はそれを防ぐために、対抗手段として頭頂弁蓋を活性化させるという方法を案出し、自分の行動の主体意識をあらためて主張しているのではないかとイアコボーニは推察する。

彼は通常の典型的で単純なミラーニューロンの制御と調節を役割とする別種のミラーニューロンまでを含めたシステムを想定し、この高位のミラーニューロンを「スーパーミラーニューロン」と呼ぶ。その理由は、このニューロンがスーパーパワーを持っているからではなく、一般的なミラーニューロンの活動を制御し、調節するという点で、機能面でのニューロンの階層において一般ミラーニューロンよりも「上」に位置しているからだという。つぎに、そのスーパーミラーニューロンの重要な役割を考えてみよう。

ミラーニューロンが他人の行動を見聞きしただけで同様の状況を自分の身心に惹起する場合、善悪二つの作用が考えられる。善の作用は誰かが募金活動をしているのを見て、自分も募金活動をしたくなる、あるいは実際にする場合だ。問題は悪の作用である。誰かがある犯罪を犯せば、よく模倣犯が顕れる。誰か有名人が自殺すれば、後追いの自殺も発生する。このように、ミラーニューロンは「鏡」であるがゆえに、善も悪も等しく映しだす。そこで活躍するのがスーパーミラーニューロンであり、これは悪の模倣行動を抑制する役割があるのではないかとイアコボーニは指摘する。

以上、進化生物学や脳科学という視点から利他を考えてみた。ヒトも生物の進化という流れの中で誕生したから、生物学的にヒトの利他性を考察することも重要だが、一方でヒトの脳は他の動物と比較して桁違いに発達しており、それゆえに人間の利他行動を考えることは一筋縄ではいかない。

生物に作用する自然淘汰は個体に働くというのがダーウィン以来の常識だったが、最近では「個体」を超えた「個体の群れ」にたいして働く「群淘汰」も考えられている。しかし、人間は他の人間のみならず、協働して動物の命を助けるという利他行動もとる。これはもはや群淘汰をも超えた利他行動と言えよう。これについては、倫理という側面からのアプローチも必要になるが、今後の課題としておく。

## 計量社会学から見た利他

つぎに、計量社会学からアプローチした利他の研究を紹介する。取り上げるのは三谷

[2016] だ。「ボランティアを生みだすもの：利他の計量社会学」というタイトルが示すとおり、ここでは利他の一形態であるボランティアが、計量社会学的観点から考察されている。この研究の特徴は、データという数値的エビデンスに基づいて人間のボランティア活動を分析している点にある。では、簡単にその内容を紹介しよう。

内容に入る前に、三谷がボランティア行動をどう定義しているかを確認する。本書は「ボランティア行動」を「他者や集団、組織のために、自ら進んで時間や労力を与えること」と定義する。ただし、この中にはフォーマルな行為と家族以外の他者にたいするインフォーマルな行為が含まれる。つまり家族以外の他者や集団利益を与える行為、または博愛的・利他主義的な目的を目指す行為がボランティア行動ということになる。

また三谷は、ボランティア行動とボランティア活動とを区別する。ボランティア行動の一部分であるフォーマルな行為を「ボランティア活動（参加）」、インフォーマルな行為を「援助行為」として区別する。さらに三谷はボランティア行動を心理学における「向社会的行動」とも区別する。向社会的行動と区別されるボランティア行動の特徴は、「計画的行為である／比較的長く継続される／主に組織的な活動の一環としておこなわれる」である。では、これをふまえ、内容の紹介に移ろう。

研究の前提を説明した第一章と第二章とに続き、第三章では社会経済的資源がフォーマルなボランティア活動参加に与える影響を検討し、調査結果の分析から、近年になるほど、必ずしも高階層（社会経済的資源の豊富な人）ほどボランティアになるわけではないと指摘する。では、インフォーマルな領域で行われる「援助行為」についてはどうか。それを明らかにするのが第四章だ。分析の結果、高階層ではなく、低階層の人びとの間で、より身近な人との互酬的な助け合い（援助行為）がなされているという。

第五章では社会経済的資源と主観的性質（共感性・宗教的態度）が、フォーマル／インフォーマルなボランティア行動（ボランティア活動参加・援助行為）に与える影響を考察し、いずれも社会的経済的資源よりは主観的性質（共感性・宗教的態度）によって規定されており、日本人のボランティア行動は人の心のあり方次第で発現するという。

第六章では、主観的性質のうち、とくに宗教性に注目し、宗教性の諸次元（実践・信念・経験・結果）がボランティア行動に与える影響を検討し、分析の結果、教団に所属し、よく参拝する人ほどボランティア活動に参加しやすいこと、くわえて教団には所属していないが家で祈り、加護観念（「おかげさま」の気持ち）を持っている人ほどボランティア活動に参加しやすいと指摘する。

第七章では、ボランティア行動に影響すると認められた主観的性質が、過去に出逢った社会化エージェント（社会化の作用をもたらす人間・機関）によって形成された可能性を検討する。分析の結果、子どもの頃に他者を援助する近所の人と接触していた人は、現在において共感性が高い傾向にあり、また子どもの頃に母親が頻繁に参拝していた人は加護観念が強く、そのためにいずれもボランティア活動に参加しやすくなるという。以上の考察から、日本人のボランティア行動は偶発的ではなく、社会環境（文化）の中で必要な心性を学習し、その結果としてボランティア行動が発現していることを明らかにしている。

第八章（最終章）で、三谷は「現代日本に生きる人びとは、幼少期に接するロールモデルや青年期に受ける高等教育を通じて、共感性や宗教態度などを身につける社会化のプロセスを経ることで、ボランティアになりやすくなる」と結論づけている。

本書で論じるのは宗教である仏教の利他であるから、ここで論じられている宗教性という主観的性質は、実は本書の内容と密接に関係する。なぜ宗教性の諸次元がボランティア活動に参加しやすくさせるのか、もっと言えば利他を行いやすくさせるのか。その疑問の答えに本書はなるかもしれない。

## 実験社会心理学から見た利他

つぎに、実験社会心理学から利他を考察したバトソン［2012］を、堀田［2013］に基づき紹介する。本書は「人間の援助行動は純粋な愛他的動機に基づくか」という問いに答えるものである。そこでは、「共感－利他性仮説（援助行動は他者の利益を考えた純粋な愛他的動機に基づく）」と、その代替仮説「共感－利己性仮説（援助行動は報酬などを目的とした利己的動機に基づく）」のいずれが妥当かを検討した研究が紹介され、三部から構成される。第一部は「共感－利他性仮説」の詳しい紹介、第二部はその仮説の妥当性を検討した実証的証拠の紹介、そして第三部は共感によって生みだされた利他性が我々の社会にどのような影響を及ぼすかを論じる。

第一部は援助行動を生みだす先行要因として「共感的配慮（他者指向的な情動）」に注目しつつ、それによって生みだされる援助行動を検討する上で「行動」だけでなく、その背後の「動機」に注目する。つまり、表面上は他者に福利をもたらす援助行動も、実際には自己利益に基づく利己的動機によって引き起こされている可能性を指摘する。

第二部は、「共感－利他性仮説」と「共感－利己性仮説」を検証するため、これまでに行われてきた実験結果を紹介し、利己的動機では援助行動が生じえない実験状況（他者からの社会的評価を受けられない状況、援助行動から逃避できる機会がある状況など）でも援助行動が見られることを示すことで、「共感―利己性仮説」は援助行動の生起を充分には説明しえないと結論づける。

第三部は、共感から生みだされる利他性が我々の生活に及ぼす利益や不利益について論じる。利益とは、外集団にたいする差別意識の低減や協力的態度の促進、援助者への健康上の利益（幸福の上昇や寿命の延長）など、一方の不利益とは、非援助者の利益を優先させるために道徳規範を逸脱させたり、集団利益を無視させたりすることなどをいう。

以上の考察から、本書のメッセージは「人間の援助行動が他の動物と大きく異なる点は、純粋な愛他的動機に基づく」というものである。チンパンジーやマウスといったヒト以外の動物でも他の個体を援助する行動は確認されているが、それら動物の援助行動は実際には自己利益に基づいている可能性がある（たとえば、マウスが他の個体を助けるのは、他の個体の悲鳴を聞くことで生じるストレスを避けるため）。よってバトソンは、自己利益の保持とは無関係である純粋な愛他的行動が人間の援助行動の大きな特徴であると指摘する。「周りから賞賛を得たい」という下心からではなく、純粋に「かわいそうだ」という思いやりによって人間の援助行動は生みだされているという。

以上が堀田［2013］に基づくバトソン［2012］の内容紹介だが、堀田［2013］は「人間だけに見られる「他者への純粋な思いやり」は、不特定多数の他者と大規模な協力関係を結ぶことに成功している」可能性を示唆する。もしも大規模な協力関係を拡張・維持することが生き残り（種の保存）に適しているなら、それは利己的な遺伝子の戦略であるから、純粋な思いやりに基づく利他行動も、実は群淘汰（ヒトという種、あるいは利己的な集団よりは利他的な集団に有利に働く淘汰）という意味では利己的な行動と理解できなくもない。

## 倫理学から見た利他

利他は「他者への善の実践」であるから、倫理学からも考察される。ここでは、哲学者・倫理学者のシンガー［2015］が提唱する「功利主義的な利他」を紹介しよう。

利他の動機づけは「共感に基づく感情」と考えがちだが、ここでは「論理に基づく理性」を重視し、費用対効果（コスト・パフォーマンス）を徹底させて、効果的に利他を実践しようとするところに特徴がある。シンガーはその著書の冒頭で、「効果的な利他主義は、非常にシンプルな考え方から生まれています。「私たちは、自分にできる〈いちばんたくさんのいいこと〉をしなければならない」という考え方です」と端的に述べている。

では、伊藤［2021: 19-63］を参考にし、簡単にその紹介をしよう。アメリカでは盲導犬を育成するのに四万ドルかかるが、途上国で予防可能な失明の一番の原因であるトラコーマの治療は、一人あたり二〇ドルから一〇〇ドルで収まる。つまり、一人のための盲導犬の費用で、途上国の四〇〇人から二〇〇〇人を失明から守ることができるので、同じ金額を寄付するなら、後者に寄付する方が効果的な利他の実践となる。このように、費用対効果を徹底的に追求するのが、効果的な利他主義なのである。

だから、功利主義的な利他に賛同する若者は仕事選びにも共感より数字を重視し、仕事内容が利他的であるかどうかを問題視せず、いちばん儲かる仕事を選ぶという。その方がいちばんたくさん寄付できるからだ。共感重視で仕事を選択すれば、その就職先は慈善事業を行うNPOや社会起業家となるが、理性に基づく数字重視で仕事を選べば、ウォール街で多くの金を稼ぐ方を選択することになる。少ない稼ぎの一割を寄付するより、多くの稼ぎの半分を寄付する方が〝効率〟がよいからだ。実際にプリンストン大学の学生だったマット・ウェイジという学生はこれを実践し、彼の目標である「貧困にあえぐ子どもたち一〇〇人の命を救う」をたった二年足らずで達成した。

この功利主義的な利他に必要なのが、徹底的な「評価と比較」だ。これに関してはさまざまな団体が立ち上がり、ウェブサイトを開設して、効果的な寄付先のリストが用意されている。つまり、どこにいくら寄付すれば、どれだけの利他が実践できるかを比較できるようになっている。寄付者はそれを手がかりに、ボタン一つで手軽に寄付ができるというわけだ。

このように、功利主義的な利他主義は、「共感」という〝ウェットな感情〟に依拠するのではなく、「理性」という〝ドライな論理〟に基づいて利他を実践するところに大きな特徴がある。無論、功利主義者も共感自体を否定するわけではないが、利他的な行動が共感に支配されないように注意している。なぜか。それは今の世界が地球規模の危機にあるからだ。現代社会の進展は凄まじく、我々の想像はそれに追いついていかないので、地球規模の危機を救うためには、我々の想像力に基づく「共感」ではなく、論理に基づく「理性」しかないというのが、功利主義的な利他主義の考え方なのである。

たしかにシンガーの所論には、これからの地球規模の危機を救う上で重要な知見が含まれているが、利他をすべて数値化することには違和感がある。教育界でも教育効果の「見える化（数値化）」が叫ばれるようになって久しい。教育業界に身を置く一人として、それも理解できなくはないが、はたして教育のすべてを数値化できるものなのかは疑問である。伊藤［2021: 36-48］も、利他を数値化するシンガーの考え方には一定の距離を置いている。数値化の背後には他者を「管理（コントロール）」しようとする人間の欲望が垣間見えるからだ。そうなれば、利他という目的を達成するために手段として使われていた数値化が目的と化し、本末転倒の事態を招きかねない。

以上、さまざまな分野で取り上げられる利他について、主だったもののみを取り上げて紹介した。では章をあらため、次章以降では仏教を中心に利他を考えていこう。

# 第二章　仏教の説く利他

前章ではさまざまな分野の利他の事例を扱ったが、本章では仏教の説く利他について整理する。前章では「利」あるいは「他」とは何かについて、必ずしも明確な定義は提示されていなかった。そこで本章では仏教の視点から「利」と「他」を定義し、その後、利他を巡るさまざまな問題、すなわち利他の根拠や前提、また利他の関連語である「慈悲」について考察する。

## 仏教用語としての利他

第一章でみたように、「利他」はさまざまな分野で使われていたし、日常会話の中で使うこともあるが、その起源は仏教にあることはすでに説明したとおりである。そこで、ここではその典拠となる用例を実際の仏典から紹介する。そのすべてを紹介することはできないので、インド仏教と日本仏教から一つずつ利他の用例を示そう。まずはインド仏教から。

仏教の起源はブッダに求められるから、ブッダの所行を「利他」の側面からとらえた用例を示す。ヴァスバンドゥ（世親《せしん》）は大乗仏教の時代に「唯識《ゆいしき》」という哲学を大成させた人物として有名だが、彼は大乗に転向する前、伝統仏教のアビダルマの教学に精通し、有名な〈倶舎論《くしゃろん》〉を著した。これはアビダルマの思想や言葉の定義が盛り込まれた重要な文献であり、インド仏教を研究する者はこれを避けては通れない。

その〈倶舎論〉の冒頭には本論に入る前に、偈文で「およそ、あらゆる仕方で一切の〔心の〕闇を打破し、輪廻の泥から人びとを救出されたかの真の師（ブッダ）に敬礼し、アビダルマコーシャ（倶舎論）という論書を私は説く」（AKBh 1.4–7）と世親は説く。その後、その偈文を解説する形で世親はブッダの徳を称えているが、その中に「利他」が見られる。

世親は「およそ、あらゆる仕方で一切の〔心の〕闇を打破し」を「自利（ātmahita-）の行の完全なることをもって〔ブッダを〕讃嘆したので、つぎに、その同じブッダについて、利他（parahita-）の行の完全なることをもって讃嘆し、「輪廻の泥から人びとを救出された」というのである」（AKBh 1.15–16）と註釈する。要点のみを抜き出したが、ここに「ブッダは自利と利他の両方を完成させた」ということが如実に説かれている。

このブッダの「自利利他円満（あるいは「自利即利他」）」が、ブッダを模範とする大乗の菩薩の実践行になったのであり、これが仏教の示す理想的な利他へとつながっていく。

つぎに日本仏教であるが、これは伝教大師の「忘己利他」を指摘すれば、充分であろう。「もう懲りた」とも読めるこの表現は、「己を忘れて他を利する」を意味し、これこそが慈悲の極みであると最澄は言う。「忘己利他」という表現では利他が強調されるが、その背後には「自利（この場合は「真の自利」）」が隠れている（後述）。

真の幸福を求める仏教は、便宜的には「自利」と「利他」とを分けて表現することもあるが、その内実は「自利利他円満／自利即利他」を利他の理想とする。その理由については、本書で徐々に明らかになるだろう。

## 「他」とは何か

説明の都合上、まずは「他」から始めよう。ここでは「他」を「他者」と置き換えて論を進める。他者の反意語は自分であるから、他者とは「自分ならざる者」と定義できよう。自分も突き詰めればその正体を解明するのは困難だが、ここでは自分の存在を哲学的に論究することが目的ではないので、「この私」を「自分」と定義し、それと対峙する者を「他者」と理解する。一般的に考えれば、自分は自分、他者は他者であり、両者は重なるところがないように思われるが、はたしてそうか。ここでは自分と他者との関係を、仏教の根本思想「縁起」から考えてみよう。

仏教の開祖ブッダは修行のすえに悟りを開いたが、その悟りの内容は縁起と考えられている。現在の日本語では「縁起が良い／悪い」という文脈で使われることが多く、その場合の縁起の意味は「吉凶の判断のもとになるもの」という意味で使われるが、本来の意味は文字どおり「縁って起こること／何かを縁として起こること」である。縁起とは因果論であり、原因と結果ですべてを説明する理論だ。

時間的には、過去を原因として現在の結果が、現在を原因として未来の結果があると考える。種が地中に蒔かれ、太陽光と水が適度に与えられれば（過去の因）、芽が出て花が咲く（現在の果）。そして、さらに太陽光と水が適度に与えられれば（現在の因）、実が成る（未来の果）。時間的には、このような因果関係の中で縁起を考えることができよう。

一方、空間的な縁起はどうか。視覚的にわかりやすいのは、紙の表裏の関係だ（わかりやすい例なので、この後もたびたび言及する）。「表だけの紙／裏だけの紙」は存在しない。表（裏）を縁として裏（表）が存在する。表も裏も単独では存在しえず、一方は他方の助けを借りて存在する。表裏の関係だけでなく、相対する概念は「不二（二つではない）」と考えなければならない。同様に、自分と他者との関係を空間的な縁起で考えれば、自分と他者とはそれぞれ個別に独立して存在しているのではなく、紙の表裏のように、自分（他者）を縁として他者（自分）が存在することになる。道元《どうげん》は「自分」に対峙する他者を「他己」と呼んだ。言い得て妙な表現ではないか。自分と対面している相手は「他なる自己」なのである。

ここで自分と他者とが「不二／不離」の関係にあることを、違った側面から説明しよう。自分という存在を定義するとどうなるか。つまり「私は〜である」の「〜」を埋めるのである。この問いは易しく、答えも多様である。たとえば「男／インド人／北海道出身／昭和生まれ／サラリーマン／時間にルーズ」など、人の数だけ答えはある。では、問いを「すべての〜に共通することは何か」に変えると、かなりの難問となる。「〜」に当てはまる数が多ければ多いほど、「〜」の持つ共通項を見出すのは難しいからだ。では、その共通項とは何か。それは「他者との比較」である。

「男」は「女」がいるから、「インド人」はイギリス人や日本人など「インド人以外の国民」がいるから成り立つ定義であり、それ以外の答えも同様である。自分を定義しようとしているのに、そこには「自分ならざる他者の存在」が深く介入している。つまり、人間は他者を鏡に自分を映しだし、それを「自分（私）」と認識しているのだ。

今「鏡」に言及したが、まさに鏡を見る行為が人間存在の不思議を象徴している。人間個人を象徴する身体的部位は「顔」であり、その中でもとくに「目」だが、その顔や目を我々は直接、自分の目で見ることができない。鏡に映し出された像を見て初めて自分の顔や目を認識できるのだ。同様に、人間は他者という鏡に映し出された像を「自分（私）」と認識する。

人はなぜ挨拶するのかも、これで説明がつく。人間の挨拶行動にはさまざまな理由が考えられるが、上記の例をふまえれば、その理由は「自己認識のため」となる。誰でも経験があると思うが、誰かに挨拶して返事がなかったら、どうか。極めて不愉快に違いない。理由は、返事がなかったことで「自己存在が無視された（＝認識できなかった）から」と感じるからだ。メールで返事がなければ、ラインで既読がつかなければ、人は不安になる。それは、相手からの反応がないことで自分の存在が確認できない不安感なのである。鷲田［1996: 106–125］は「他者の他者としてのじぶん」と自分の存在を定義するが、これも同じ主旨だ（別の箇所では「自他は相互補完的」とも表現する）。

以上の考察から、仏教が説く「他者」とは「自分と切り離された他者／自分とは無関係に存在する他者」ではなく、「自分と縁起の関係で結びついた他者」なのである。よって、自分と他者とは「不一不異／不二／不離／相即」の関係にある。利他を考える場合、この点を見逃すと、大きな陥穽に陥るので、まず最初にこれを確認した。

## 「利」とは何か

つぎに「利」の意味内容について考えてみよう。一般に「利他」という場合、それは「他者に何か〝よいこと〟をすること」と漠然と考えてしまうが、この「よいこと」の具体的中身が問題だ。仏教的な意味内容に踏み込む前に、一般的な意味での「よさ」をまず考えてみたい。

たとえば、発展途上国にたいする経済支援はどうか。一見すれば、よさそうに見える。たしかに資金は必要だ。しかし、その資金（経済援助）提供が発展途上国の人々の自立を妨げているとすれば、それは「よい」支援とは言えない。あるべき支援は、ただ資金を提供するのではなく、資金とともに、その国の人々が自立できるような技術の支援、そして政治や経済の枠組みをサポートする支援であろう。「他者を利する」という行為は多面的に考える必要がある。

同様の事例を平岡［2016b: 227–233］から紹介しよう。まず山本周五郎の短編小説『雨あがる』から。時は江戸、享保の時代。主人公の三沢伊兵衛は剣の達人なのだが、正直で優しい性格ゆえに、出世がままならない。侍としてよりも人間らしく生きようとする伊兵衛は、愚直までに不器用な人間だったが、そこが主人公の魅力でもある。

あるとき、峠を通りかかると、馬子たちが侍たちともめている。事情を聞けば、侍たちが馬を利用したにもかかわらず、駄賃を払わぬとごねているらしい。そこで剣の達人の伊兵衛は一人も傷つけることなく侍たちを退散させた。しかし、である。数日後、同じ峠を歩いていると、伊兵衛は異変に気づく。峠には馬子たちはおらず、その子どもたちが旅客の荷物持ちをして働いていた。理由を訊くと、子どもたちは、親が稼ぎに出てはいけないと言う。出れば、あの侍たちにひどい目にあわされるから、みんな家で寝ていると言うのだ。つまり、侍たちの報復である。子どもたちは言う。

「小父さんのためなんだ、小父さんは善い人だって、父もみんなもそう云ってた、悪い人じゃないらしいって、でもよけいなことをしてくれたってよ」「（前略）騒ぎのときに黙ってててくれればよかった。そのときの駄賃は損しても、こんな仇をされることはなかった（後略）」（山本［2008: 232–233］）

まさに善意の押し売りだ。善を行うなら、その結果まで見据えてやらないと、かえって事態を悪化させる場合もあり、それはもはや「利他」と言えなくなる。

つぎの用例は弁護士の中坊公平の話。彼はさまざまな事件を担当したが、その中に森永ヒ素ミルク中毒事件がある。ここで彼は被害者救済の弁護団長を務めた。弁護士として自分のキャリアをスタートさせた彼は、知り合いから「弁護士と医者と牧師（神父）は人の不幸をカネもうけの種にしているからビジネスオンリーであってはならない」と聞かされ、それを実践しようとした。その矢先での森永ヒ素ミルク中毒事件。被害者と国と森永の三者で和解が成立し、事件の訴訟がすべて終結したときのこと、彼がある被害者の母のもとに足を運ぶと、その都度その母は彼に現金を差し出した。

貧しい家なのに五千円も差しだそうとする彼女に、「金儲けで来ているんと違うんです」といって返そうとするが、彼女は受けとろうとしないので、とりあえず受けとったが、自分のためには使わず、そのお金で彼女の子どもが喜ぶようなプレゼントを買って、デパートから被害者の家に送っていた。そうしたある日、家から駅まで歩いて帰る夕暮れどき、肩を並べて歩いていると、不意に彼女はひとりごちるように言った。「先生は、私たち貧乏人のお金はやっぱりもらってくれないんですね」と。「私がいまだに上げ底から被害者たちを見下ろしていたからにちがいなかった」（中坊［1999: 116］）と中坊は当時を振り返る。

中島も「善意の押しつけ」に関し、著述家・頭木弘樹の事例（頭木［2020］）を紹介している（伊藤［2021: 210–211］）。頭木は潰瘍性大腸炎を患い、食べられない食材があった。ある仕事の相手の人と食事をするさい、その食材が入った料理を勧められたが、彼は事情を説明して断った。相手は「そうですか」といったんは引き下がったが、しばらくすると「少しくらいなら大丈夫では」と再度勧め、手をつけずにいると「ちょっとくらいなら、いいじゃないですか」とさらにしつこく勧めてきた。「美味しいものを食べさせたい」という相手に悪気はないが、頭木にとっては恐怖でしかなかった。こうなると、「利他」の中に含まれていた「利己」が前景化してくると中島は指摘する。

臨床心理学者の河合［1998: 106–109］は「他者に善を行わんとする者は、微に入り細にわたって行わなければならない」と指摘する。まさに善の実践（利他）は簡単ではないのである。我々が利他を実践する上での仏教が説く心構えを仏教学者・山口益の「七仏通誡偈《しちぶつつうかいげ》」の解釈から紹介しよう（一郷［2001］）。

仏教を簡潔に示す有名な偈文が「七仏通誡偈（諸悪莫作　衆善奉行　自浄其意　是諸仏教）」だ。一般的に「諸の悪は作す莫れ。衆の善は奉行せよ。自ら其の意を浄めよ。是れ諸仏の教えなり」と読み下す。これはインド原典からの漢訳であり、これとは別に玄奘の漢訳もある。玄奘はこの第三句（自浄其意）を「自調伏其心（自ら其の心を調伏せよ）」と訳したが、この方が原意に近い。さて山口はこの玄奘の漢訳を参考に、この偈文を「悪を実践しないで、善を実践するという、その私の心をもう一度チェックしなさい、そういう心をこそ浄化しなさい」と解釈する。

そして、ここから山口は「善の懺悔《さんげ》」という考えを導きだす。倫理や道徳の世界では廃悪修善が目的となるが、仏教は宗教ゆえに、そこに留まることはない。廃悪修善の〝後〟が重要なのだ。それが「自調伏其心」、すなわち悪を犯したとき以上に善の実践の後こそ振り返って、懺悔する必要があると言う。誰でも善を実践した後は気持ちのよいものだ。相手に喜ばれて自己肯定感も高まるので、自己満足に陥り、自分を客観的に振り返ることはないが、そこにこそ陥穽が潜んでいる。ここをしっかりと認識して「利他」を実践しなければならない。

## 仏教の説く「利」

本題に戻ろう。仏教は世俗的な善も説くが、では出世間的な究極の善とは具体的に何か。それは「悟り」しかない。つまり、利他とは「他者を悟りに導くこと／他者を解脱に導くこと」である。だから、たんに他者に優しくするとか親切にするのは、仏教的には本来の利他ではない。ただし、仏教も人々を悟りに導くために世俗を無視はしないので、世俗的な善も説く。それを明らかにするために、ここでは世間的な善と出世間的な善とに分けて整理してみよう。

仏教は「業と輪廻」を説く。業とは「行為」を意味し、有漏業《うろごう》と無漏業《むろごう》の二種に分けられる。「漏」とは煩悩の意で、有漏業とは「煩悩を伴う業」、無漏業とは「煩悩を伴わない業」を意味する。さらに有漏業には「善業」と「悪業」の二種がある。この業の善悪により、仏教は輪廻の領域を六種（あるいは五種）に設定する。地獄・餓鬼・畜生・（阿修羅・）人・天の六つだ。そして在家者には、出家者に布施し、戒律を保って、死後、天に再生することを勧めた。この場合の善（持戒・布施）は世間的善であり、それを実践することで生天という楽果を享受できるが、享受し終われば、また天から下界に落ちることもあるので、それが最終的な幸せにはならない。

貯金と借金とで説明しよう。善業を積むのは貯金、一方の悪業を積むのは借金に喩えられる。貯金で贅沢するのが楽果の享受に当たるが、それは同時に貯金が確実に減っていることを意味する。だから贅沢をして貯金を使い果たせば天から落ちる。一方、借金返済のために働くのが苦果の享受だが、それは同時に借金が確実に減っていることを意味する。だから、借金を返済すれば、地獄から脱出できる。いずれにせよ、有漏業を作っている間は、この輪廻の領域を上下することになる。

では仏教の最終目標は何かというと、「輪廻からの解脱」だ。そして輪廻からの解脱をもたらす行為が無漏業（出家者としての修行）であり、これにより生死を繰り返す輪廻から抜け出すことができると考えた。つまり、同じ「善」といっても、世間的な善と出世間的な善の二種がある。だから、これに対応して、利他も人々を世間的な幸せに導く利他と、出世間的な幸せに導く利他の二種があるが、当然のことながら仏教で最終的に目指すべき利他は後者である。

仏教の説く「他」と「利」の意味内容が明確になったので、仏教の「利他」の意味をあらためて考えてみよう。自分と他者とが縁起により「不二」の関係にあるなら、「他者を利すること」は「自分を利すること」をも意味する。こうして「利他」とは「自利即利他」に置換可能となる。他者を利する行為は自己を利する行為でもあるのだ。だから、他者を犠牲にして自己の利だけを考える「利他のない自利」は論外だが、「自利のない利他」もたんなる「独りよがりの自己犠牲」となり、仏教的にはこれも否定される。そもそも、これは長続きしないし、喜びもない。

他者と自己とが縁起の関係で「不二」なら、他者に何か善を実践する場合、「してやる／してあげる」の言葉は出てこないはずである。なぜなら、その善行は自分をも利する行為だからだ。しかし、人は他者と自分とが縁起の関係にあることを知らず、自分と他者とが別個に存在していると錯覚するので、人に善を実践すれば、「してやる／してあげる」という言葉を使う。そして、他者から「ありがとう」という言葉が聞けなかった場合に出るのが「のに」だ。「せっかく、あなたのためにしてあげたのに、礼の一つも言わないのか」と愚痴が出る。これは他者と自己とを分断して考えている証拠だ。

さらにこの問題を「利己的な利他／合理的な利他」（中島［2021：4-6］）という視点から考えてみる。利他は、施者（利他を施す側）と受者（利他を受ける側）の関係を前提とし、「してあげる／してもらう」関係になるので、そこには「他者をコントロールしたい」という〝支配／統御〟の毒、また「情けは人のためならず」のように、「未来の自利（この場合の「自」は他者と切り離された自我）を目的に投資された利他」という毒も含むことになる。これを脱するには、自分と他者との関係を不二と捉える縁起思想が重要となる。仏教的な認識に立つ利他は、自利でもあり、さらに人間関係の毒を持たないのである。

## 利他の根拠

そもそも、利他はなぜ可能なのか。仏教は「自業自得」を説く。自分で蒔いた種は自分で刈り取るのが自業自得であり、自らの業の結果は自ら享受しなければならないというのが業の大原則だ。自業自得であっても、利他自体は善行であるから、それはその施者に何らかの楽果をもたらす。

しかし、受者の側に影響を及ぼさないのであれば、利他は施者には意味のある行為だが、受者には意味のない行為となる。ここでの「意味」とは、仏教の利で述べたように、解脱に資するということである。いくら利他を受けても自業自得では、解脱できるかどうかにはまったく影響しない。にもかかわらず、仏教は盛んに利他を説く。では、自業自得と利他とがどう両立するのかを考えてみよう。

仏教の根本思想が「縁起」であり、その縁起には「時間的側面」と「空間的側面」の両面があることはすでに説明した。縁起は普遍的真理であるから、時間にも空間にも適応可能である。初期仏教の段階から、縁起はつぎのように定型的に表現された。

これ生ずるがゆえに、かれ生ず。これ滅するがゆえに、かれ滅す。
これあれば、かれあり。これなければ、かれなし。

前半は縁起の時間的側面、後半は縁起の空間的側面を表現している。この二つのうち、初期仏教では時間的側面が強調された。この時間的側面から自己存在をみると、過去の自己を縁として現在の自己が生起し、現在の自己を縁として未来の自己が生起することになるので、すべては自己責任となる。だから自業自得が原則となった。

一方、縁起には空間的側面もあった。大乗仏教の時代には時間的側面に代わって空間的側面が前景化し、「空」という言葉で大乗仏教の中心思想となったが、それは表現が変わっただけで、意味内容に変化はない。それはともかく、空間的側面から自己をみると、どうなるか。それは他者との関係において自己が存在することになるので、自分と他者とは影響を「与える(give)/受ける(take)」という関係になる。ここに自業自得の原則を破る根拠が見出せる。自業自得の原則は絶対的な原則ではなく、あくまで時間的な縁起から見た場合の原則なのである。

空の思想を持ち出さなくても、我々はこれを経験的に知っている。誰かがいるだけで場の雰囲気が和むこともあれば、ピリピリしたムードになることもある。話をしているだけで、心が癒やされる人もあれば、顔を見ただけで不愉快になる人もいる。自分と他者とは縁起という見えない糸を通じて、何らかの感情をやりとりしている。だから、カウンセリングが機能する。自業自得が絶対的な原則なら、カウンセリングは成立しない。教育も同様だ。「薫陶を受ける」

という表現があるが、これも自分と他者との影響関係を前提としている。

では、ここで利他に関し、「回向」の思想にも言及しておく。回向には内容転換の回向と方向転換の回向の二種がある。これも貯金を例に説明しよう。自分の欲しいものは貯金で買える。新車かもしれないし、海外旅行かもしれない。貯金は新車や海外旅行に内容を変えるので、これを内容転換の回向という。一方、貯金は自分のために使うのではなく、寄付して他者のために使うこともできる、使い道が自分から他者に方向を変えるので、これを方向転換の回向という。

この方向転換の回向によって、大乗仏教に新たな思想が誕生した。現在他方仏による救済思想であり、その典型が阿弥陀《あみだ》仏だ。〈無量寿経《むりょうじゅきょう》〉によれば、法蔵《ほうぞう》菩薩は世自在王《せじざいおう》仏のもとで出家し、四八の誓願を立てると、その誓願の実現に向けて長時の修行を重ねた結果、阿弥陀仏となり、西方に極楽浄土を構え、念仏する衆生を救済するという。

本来なら出家して修行を重ね、自力で苦から解脱するのを目指すが、浄土教ではその自力の修行を阿弥陀仏が我々に代わって修行を重ね、その功徳を我々に回向してくれたので、我々はその他力（本願力）に乗じ、往生できると説く。極楽は修行に適した場所なので、容易に悟りを開くことができる。浄土教では極楽往生が最終目的と誤解されがちだが、それはまだ道半ばであり、極楽での修行が待っている。さらに、そこで悟りを開けば、今度は娑婆世界に戻り、苦の衆生を救済するという仕事が待っている。

このように、空間的縁起に基づき、「利他」を極限にまで推し進めれば、阿弥陀仏の他力に行き着く。我々が少額を慈善団体に寄付（回向）するのと阿弥陀仏の慈悲（回向）との間には格段の差があるが、その基本構造（空間的縁起に基づく自分と他者との関係）は同じであり、両者に違いはない。

## 利他の前提

理想的な利他を実践するのに障害となるのが自我意識だ。我々は生まれながらに煩悩を有し、その煩悩は自我を肥大化させる。肥大化した自我は利己的に振る舞うので、利他に悪いものを伴わせる。というわけで、ここで少し、人間の負の側面、すなわち煩悩について考えてみよう。これは結果として、利他を深く理解することにつながる。

煩悩とは「〔心の〕汚れ」であり、一般に一〇八あるとされるが、その中でも質の悪い煩悩が「貪《とん》（貪り）・瞋《しん》（怒り）・癡《ち》（無知／無明《むみょう》）」の三つで、「三毒の煩悩」と言われる。では、この中で最悪の煩悩は何かというと、「癡＝無明（真理に暗いこと）」だ。ブッダ成道の内容とされる十二支縁起でも「無明」がその根源に位置づけられている。この場合の真理とは「縁起」であり、自分と他者とは縁起の関係にあるのに、自分を他者から切り離して自我となり、自分は単独で存在すると錯覚するため、自我は対象を激しく貪り、またその自我の思い通りにならないと、怒りをぶちまける。

こうして、煩悩は我執《がしゅう》と我所執《がしょしゅう》とを強化する。我執とは「私が、私が」という「自我意識」、我所執とは「私のもの、私のもの」という「所有意識」である。「我」と漢訳される古代インド語は「アートマン（ātman/attan）」であり、古代インドでは個人の根源（アイデンティティ）を意味する重要な単語だった。これは本来「呼吸」を意味し（同じ語源のドイツ語atmenは「呼吸する」の意）、その転用で「生命／自我／自己」も意味するようになる。ウパニシャッド哲学では「梵我一如」が説かれたが、これは宇宙原理であるブラフマン（梵：大我）をアートマン（我：小我）と同一視する考え方であり、ヨーガによってこの境地を体得することが解脱と見なされた。

しかし、その時代に活躍したブッダはインドでの伝統宗教で重要視されていたアートマンを否定し「無我」を説いたが、これは当時のインドの常識を破る画期的な説だった。縁起を説く仏教はいかなる存在にも実体を認めないので、ブッダはアートマンも否定した。自分と他者とは縁起の関係で結ばれているから、他者と隔絶した自分、独立自存の自分など認められるはずがない。またこのアートマンは、ものの「実体」も意味するので、人間を含め一切の存在には実体がないと説くが、これを「諸法無我《しょほうむが》」（法＝存在）という。「諸行無常《しょぎょうむじょう》・（一切皆苦《いっさいかいく》・）涅槃寂静《ねはんじゃくじょう》」とならんで三ないし四法印（仏教の旗印）の一つに数えられるので、無我は仏教を代表する思想となる。

我執と我所執とにコントロールされた自我は、いかにして無我を体得できるのか。ここでは、この問題を「自我の相対化」という視点から考えてみよう。例に取るのはブッダ自身の悟りの場面である。詳細は次章に譲るが、ここでは悟りの情景を描写したつぎの記述に注目してみよう。パーリ聖典の『自説経』や『律蔵』はともにブッダの成道（初夜～中夜～後夜）を描写し、表現の相違点もあるが、共通してこう説く。

（初夜）努力して入定せるバラモン（ブッダ）に諸法が顕現するとき、彼の一切の疑惑は消滅す。因〔果〕を伴う理法を知ったのであるから（Ud. 1.20–22, Vin. i 2.3–6）。（中夜）努力して入定せるバラモンに諸法が顕現するとき、彼の一切の疑惑は消滅す。諸縁の消滅を知ったのであるから（Ud. 2.18–20, Vin. i 2.13–16）。（後夜）努力して入定せるバラモンに諸法が顕現するとき、彼は悪魔の軍勢を粉砕す。太陽が天空を照らすが如く（Ud. 3.3-6, Vin. i 2.23-26）。

傍線部分に注目すると、この文の主語は「諸法」であり、ブッダはその諸法が現れる〝器〟として描かれている。主役はあくまで「諸法」であり、ブッダは脇役に回る。自我は諸法によって相対化されているのだ。つまり悟りとは「自我崩壊（＝無我）」の体験であり、それまですべての中心に坐っていた自我が自我を超えた存在（諸法）に中心を明け渡し、自我は相対化されて、周辺に居場所を移す（なお、この用例は重要なので、第七章で再び取り上げる）。

成道直後、無我となったブッダの生き方を象徴する言説が初期経典『相応部』に見られ、「いざ私は、私が悟った法、この法こそを敬い、重んじ、近づいて時を過ごそう」と呟く場面がある。法によって自我を相対化したブッダにとって、帰依すべき対象は法であるから、無我を体得した人の生き方は必然的にこのようになる。この無我こそ、「自利」と「即」で結ばれた「利他」を実践する際の前提と言えよう。

つまり、仏教的、そして理想的な利他である「自利即利他」は利他の障害となる自我を相対化したときに、可能になるのだ。

## 利他の確認：共生

「利他」とは本質的には「自利即利他」だから、それは「共生」とも表現される。「ともいき」とも読む、今流行りの言葉だ。いたるところで「共生社会」という表現をみかけるが、その起源は仏教にある。まずは「共生」の出典から紹介しよう。

まずは、源信《げんしん》の『往生要集《おうじょうようしゅう》』に注目する。ここでは四弘誓願《しぐぜいがん》（後述）に加えて、「自他法界同利益　共生極楽成仏道（自他ともに法界を同じく利益し、共に極楽に生まれて仏道を成ぜん）」という二句が付加されているが、最後の句の傍線部にこの用語が確認できる。中国唐代の浄土教家・善導が著した『往生礼讃《おうじょうらいさん》』の「願共諸衆生往生安楽国（願わくは衆生と共に安楽国に往生せん）」にも同様の表現が確認できる。

これによれば、「共生」とは「共に〔極楽に〕生まれること」を意味するので、共生の「生」は「生きる」ではなく「生まれる」である。「共生社会」という場合の「生」は「生きる」の意味で使われているので、上記の出典とは無関係だ。では誰が「共生」を「共に生きる」の意味で使ったのか。それは明治時代の浄土宗の僧侶・椎尾弁匡《しいおべんきょう》だ。「共生」という言葉自体は上記の出典から取ったものと考えられるが、椎尾はその意味づけを「共に生きる」に変え、「共生会」なる組織を設立した。

椎尾は浄土宗教学の近代化を図り、その思想理念として「共生」を掲げ、その共生思想の啓蒙や、それに関連する社会的実践活動を支える団体として設立されたのが共生会だ。その背景には、第一次世界大戦を契機とした急激な好景気による国民一般の奢侈《しゃし》と、それとは裏腹の社会主義・労働運動を通じて煽られる社会不安、思想的動揺などがあり、それらを打開して共生社会を創造する狙いがあった。これは浄土宗僧侶が中心だったが、その活動内容は浄土宗の枠を超えて行われた新しい仏教運動の一つと理解できる（平岡［2019b: 191–192］）。

では何を根拠に「共生」を「共に生きる」と解釈したのか。それは仏教の根本思想「縁起」である。紙の表裏のように、表（裏）を縁として裏（表）が生起する。裏が表を生かし、表が裏を生かす。まさに「ともいき」である。椎尾は「共生極楽成仏道／願共諸衆生往生安楽国」という浄土教の根本義に立脚し、日常生活の実践を通して、現世における真実生命観、同朋人類愛、同事協調の人生を目指すことが彼の目指す「共生」であった。そしてその根底にあるのは、共生社会が浄土であり、仏教の理想社会が共生社会であるという大乗仏教の精神である。

「共生」の説明が長くなったが、利他が真の利他として機能しているかどうかは、この「共生」が成立しているかどうかで確認できる。さきほどみたように、自分と他者とは縁起でつながっているから、自利即利他であり、利他のない自利はもちろん、自利のない利他も真の利他ではない。よって、真の利他が実現されていれば、自分にも他者にも双方に「利」がある。この場合の「利」は、仏教的には「悟りに資する」ことを意味するので、自分の働きかけで他者が悟りに向かうことを助け、またその行為が同時に行為者自身の悟りを促進しなければならない。

しかし、これはあくまで仏教的な文脈の利他なので、ここでは一般的な意味での利他を想定し、その場合の「共生」を考えてみよう。一般的な利他は必ずしも「悟り」には関連しないから、その目的は「公共の福祉」あるいは「持続可能（サステイナブル）な幸せ」となる。自利か利他の一方だけでは、どちらかがやっていけなくなってしまうので、持続可能にはならない。

さきほど「発展途上国にたいする経済支援」を取り上げたが、これが真の利他として機能するには、他者にたいしては、その支援が長期的にみてその国の持続可能な発展に寄与するのか、たんなる一時的な発展になっていないか、ある一部の人間だけがその恩恵を被るような支援になっていないか、などの観点からチェックする必要があろう。

一方、自分にたいしては、それが自国の負担になっていないか、その支援が結果的に自国の利益になるかどうか、そういう視点から見直す必要がある。このような視点から、双方にとっての「利」が実現するなら、それは一般的な意味での真の利他と呼ぶにふさわしい。ビジネス用語を使うなら「Win-Winの関係」と言い換えてもよい。真の利他は「善意の押し売り」や「搾取」、また「自己犠牲」でもいけない。

## 慈悲とは

仏教は「智慧と慈悲の宗教」とも言われる。その両者の関係については次章の「ブッダの利他」で詳しく取り上げるが、ここでは慈悲の概略のみを示しておこう。すでに紹介した最澄の「忘己利他（己を忘れ他を利する）は慈悲の極みなり」が象徴的に表しているように、「利他」と「慈悲」は深く関連するからだ。

一般に「慈悲」と表現するが、インドの原語では「慈」と「悲」に分けて考えなければならない。つまり、慈は「マイトリー（maitrī）」、慈は「カルナー（karuṇā）」の訳語である。マイトリーは「友」を意味するミトラ（mitra）の派生語だから、「友情・親愛」などを意味する。一方、「悲」は「哀憐・同情」などを意味する。似ているが、原語が違うということは、その意味内容も異なる。では両者はどう違うのか。一般に慈は「〔他者に〕利益と安楽とを与えること」、悲は「〔他者から〕不利益と苦悩とを取り除くこと」と説明される。つまり「慈＝与楽」、「悲＝抜苦」と解釈するのが一般的だ。しかし、この解釈は入れ替わる場合もあることを断っておく。

利他の意味内容で確認したように、その目的は他者を悟りに導くことであるから、慈悲を「与楽抜苦」と解釈しても、それはたんに他者に心地よいことをするとか、不快な思いを除去するというのではなく、与楽抜苦が結果として他者を悟りへと導くものでなければならない。苦楽と言えば、目先の感覚的な日常事と考えてしまうが、阿弥陀仏の極楽浄土を詳細に描写する『阿弥陀経《あみだきょう》』が「其国衆生無有衆苦但受諸楽故名極楽（其の国の衆生、衆苦有ること無く、但だ諸楽を受く。故に極楽と名づく）」と説くように、苦楽を悟りと関連づけて問題にするのが仏教の慈悲なのである。

ではこの「慈」と「悲」を含め、仏教の利他のあり方を説明した「四無量心《しむりょうしん》」に触れておこう。これは利他を実践するに当たっての心構えを説いたもので、その内容は「慈・悲・喜・捨」の四つである。以下、その内容を説明する。

①慈：慈しみの心で、一切の衆生に楽を与えようとする心
②悲：哀れみの心で、一切の衆生の苦を抜こうとする心
③喜：慈と悲による利他で、一切の衆生が幸せになるのを自分事のように喜ぶ

④捨：一切の衆生を平等に見なし、分け隔てなく利他を実践する

いずれの心も際限なく実践するので「無量」と呼ばれるが、ここに利他の精神が見事に表現されている。①と②は利他の具体的実践、③はその利他を自利と同一視すること、すなわち「自利即利他」の精神である。そしてさらに重要なのが、最後の④だ。近親者に利他を実践するのは難しくないが、老若や男女、身分の貴賤や貧富にかかわらず、一切の衆生を平等に見なし、依怙《えこ》贔屓《ひいき》せずに利他を実践するのが理想とされる。

### 三種の慈悲

つぎに、慈悲の実践主体について考えてみよう。一口に「慈悲」と言っても、阿弥陀仏に代表される広大無辺な仏の慈悲もあれば、凡夫が実践する身近な慈悲もある。最初期の仏教の慈悲は「人から人への働き」だったが、仏滅後のブッダ観の変遷により、ブッダが神格化されるにともない、その慈悲は「仏から人への働き」に変化し、それが大乗仏教の興起を機に、さらに広大なものへと変容していく。こうして、後代になると、四無量心の「悲」とは別に仏の「大悲」が説かれるようになった。

たとえば後代のアビダルマ文献は、川で溺れている男を見たときの対応でこれを説明する。一人は溺れている人を見ると、悲しんで叫び声を上げるが、自分は泳げないため、実際には彼を救出できない。一方、もう一人は自ら川に飛び込んで彼のもとに近づき、彼を抱きかかえて岸へと向い、無事に救出した。前者は「悲」に、後者は「大悲」に喩えられる。後の大乗経典は、菩薩の「大慈／大悲」を説くものもあるし、四無量心の各項目にすべて「大」を付して（大慈／大悲／大喜／大捨）、伝統仏教の四無量心と差別化し、それを仏性と解釈しているものもある（『大乗涅槃経《だいじょうねはんぎょう》』）。こうした事情により、慈悲も三種に分類されると、『大智度論《だいちどろん》』ではつぎのように説かれる。

慈悲心に三種あり。衆生縁と法縁と無縁なり。凡夫人は衆生縁なり。声聞・辟支仏及び菩薩は、初めは衆生縁にして後には法縁なり。諸仏は善く畢竟空を修行するが故に、名づけて無縁となす（T. 1509, xxv 350b25–28）。

この三縁説は世親の『浄土論《じょうどろん》』にも説かれるが、曇鸞《どんらん》はその注釈書『浄土論註《じょうどろんちゅう》』で、衆生縁を小悲、法縁を中悲、そして無縁を大悲と呼び、三者を格づけする。この三縁の慈悲の意味内容は資料によって異なるが、その位置づけは変わらない。では、それぞれの内容を簡単に説明しておこう。

まず最初の衆生縁の慈悲は「衆生を対象として働く慈悲」で、老人にバスの席を譲る、道に迷っている人に道案内をするなど、困っている人を手助けするような場合を指す。その実践者は仏教徒ではなく、したがってその行為が悟りに資するかどうかも意識されていないので、慈悲としてはランクが一番低く、「小悲」と呼ばれる。

つぎの法縁は「法（仏の教え）を対象として働く慈悲」で、衆生縁の慈悲とは違い、この慈悲の実践者は「声聞／辟支仏（独覚）／菩薩」という仏教徒である。仏の教えと出逢い、慈悲の目的（衆生を悟りに導くこと）も理解しているが、まだ完全に慈悲を実践できていない状態を言う。よって「中悲」と呼ばれる。

最後の無縁の慈悲は、仏のみが実践できる理想の慈悲である。「無縁」とは救済の対象が「仏教と縁のない人」という意味ではなく、「特定の対象を持たない」、すなわち「無限／無量」の慈悲の謂である。よって「大悲」と言う。これは四無量心でみた「捨無量心」の考え方に近い。このように慈悲の実践も、誰が行うかによって三つに大別される。前述したように、仏教の利は悟りに資することなので、その観点から格づけされている。

## 慈悲の対象：衆生（有情）

では、何を慈悲の対象とするのか。仏教の「慈悲」はキリスト教の「愛」に類似し、その愛の対象は「隣人愛」に代表されるように、「隣人」すなわち「人」だが、仏教の慈悲の対象は人ではなく「衆生」とされる。衆生とは「生きとし生けるもの」を意味し、人間だけを意味しない。ここでは「衆生」という言葉を手がかりに、慈悲の対象を考えてみよう。これは今日的課題である環境問題を考える上でも参考になるからだ。

仏教にとって、業と輪廻は大きなテーマだった。ブッダ自身が自らを「行為論者」と呼んだように、ブッダは人間の価値を「生まれ」ではなく「行い」に見出した。カースト制度が常識の古代インドにあって、生まれを否定し、行為を重視したことは画期的だった。行為という点で人は平等であり、また行為は必ず報われる（＝結果として人は皆、悟りを開いて幸せになれる）とブッダは考えた。ブッダ自身は輪廻を積極的に問題にしなかったようだが（並川[2005: 109–129]）、仏滅後、仏教は輪廻を前提とした教理の体系化に大きく踏み出す。仏教は最終的には悟りを開いて苦からの解脱を目指すが、仏滅後、「悟りを開けず死んだ場合はどうなるのか」が問題になった。

こうして、生前の行為の善悪にしたがって死後の行き先が六種（あるいは五種）に分けて考えられるようになった。これが六道輪廻であり、当時の人間にとって六道輪廻は現実味を持って受け入れられたが、現代ではフィクションとしてしか理解されない。とくに「地獄／餓鬼／阿修羅／天」はその実在が確認できないので、ここでは現実的に知覚できる人と畜生（動物や虫）にかぎって考えてみよう。

人は死んだら、その生前の行為にしたがって六道を輪廻し、人間が動物に再生することもあると仏教は考えた。だから、昨年生まれた牛も、その牛が生まれる直前に亡くなった自分の父の生まれ変わりとも考えられるので、簡単に殺してその肉を食べることは憚られる。こうした輪廻思想から、慈悲の観念が生まれたと説明する研究者もいる。ともかく、仏教の慈悲が衆生を対象にするなら、それは人間のみならず、動物にも及ぶ。こうして仏教では放生会《ほうじょうえ》という宗教儀式も誕生した。これは捕獲した魚や鳥獣を川や野山に放ち、殺生を戒めることを目的とする。

また正義の王として名高い古代インドのアショーカ王は石柱詔勅《しょうちょく》で「私は、二足類・四足類・鳥獣・水棲類にたいしてさまざまな利益（保護）を行った」と記し、彼の利他が、人間のみならず、鳥獣や魚といった動物にまで及んでいることがわかる。

ではここで、仏教の生命観を明確にするために、キリスト教と比較してみよう。六道輪廻説はたしかに畜生よりも人間を上位に置くが、この二つの領域が往来可能であることはすでに確認した。では、キリスト教はどうか。父なる唯一の神は人間を創造し、その人間に支配させるために動物を創造した。つまり「神―人間―動物」という縦の関係は絶対であり、往来不可だから、人間が神になることも動物になることもない。

少し視点を変え、人間と動物の関係を異類婚（人間と動物間の結婚）という視点からみてみよう。小澤［1994: 203–205］は世界の説話を渉猟し、これを三類型に分類した。それをまとめると、以下のとおり。

①古代的一体感（人間＝動物）を引き継いだ、エスキモーやパプア・ニューギニアなどの自然民族では、人間と動物との間の変身は自然のこととして起き、人間と動物との結婚も異類婚としてより同類婚のように行われる

②ヨーロッパを中心としたキリスト教民族では、変身は魔術によってのみ可能であると考えられており、人間と動物との結婚と思われるものも、じつは人間でありながら魔法によって動物の姿をしいられていた者が、人間の愛情によって魔法を解かれ、もとの人間に戻っ

てから人間と結婚している

③日本は①の動物観を含んでいる。すなわち、魔法という概念を介せずに変身がおこなわれ、また動物そのものと人間との婚姻が語られるという意味では①と同質である。しかし、鶴女房に代表されるように、その正体が知られた場合は配偶者に去られてしまうので、最終的に動物は人間によって拒否される。つまり③は①と②の中間的位置づけになる

セム系の一神教では「神―人間―動物」という縦の序列は絶対なので、それが性的に交わることは許されない。『旧約聖書』の「出エジプト記」(22-18)では「獣と寝る者は必ず死刑に処せられる」とあり、獣姦が固く禁じられている。ではインドはどうか。一角仙人は、人間の仙人と牝鹿の子であるし、人間のスダナクマーラはキンナラ(畜生 or 神)と結婚しているので、①に近い。異類婚という視点からみても、インド仏教は動物を人間と近い存在としてとらえ、慈悲の対象として考えたことがわかる。

## 命をどこまで認めるか

仏教は動物も慈悲の対象とするので、殺生は動物にも適用され、その命を奪うこと(殺生)

は慈悲に反する。五戒の最初に「不殺生」が置かれている所以だが、仏教と兄弟宗教のジャイナ教は、仏教以上に殺生を忌み嫌う。ジャイナ教の出家者は払子（箒のようなもの）と濾過器を持ち歩く。自分の足で小さな虫を踏み殺さないよう、歩く前にその場所を払子で掃き、また水を飲むときは水中の微生物を殺さないように水を濾過器で漉してから飲むという徹底ぶりだ。だから信者に農民はおらず、商売人が多い。

仏教も殺生を避ける。日本の禅宗の精進料理から連想し、インド仏教以来、出家者は肉を食べなかったと思われがちだが、古代インドの出家者は肉を食べていた。無論、自分で殺すことはなかったが、ある条件のもとで処理された肉料理が提供された場合は肉食が許された。それは、（一）その肉となる動物が殺されるところを見ていない、（二）自分に提供されるために殺されたと聞いていない、そして（三）自分に提供されるために殺されたと知らない、という三つの条件である。これを「三種の浄肉」という。

しかし大乗仏教が興起し、大量の大乗経典が創作されると、その中に肉食禁止を説く経典がいくつか現れた。それは〈大乗涅槃経〉などの如来蔵を説く経典だ。その理由は、動物といえども「仏性（仏になる可能性）」を有しているから、その仏性の器たる肉を食べてはならぬとされたのである。一方〈入楞伽経《にゅうようがきょう》〉は、慈悲の精神から肉食を禁止する。安井［1963］によれば、〈入楞伽経〉は肉食禁止の理由を六つあげ、その中でも「肉食は〈一切衆生を親族・眷属であるという思い〉、あるいは〈一切衆生を一子の如くに思う〉慈悲の精神に背くから」という理由を最も強調しているという。

ともかく、古代インドの出家者の一部は肉食を避け、菜食主義者となった。では植物の命は殺してもよいのか、という疑問が起こる。ここで問題になるのが「生命観」だが、少なくともインド仏教は植物に命を認めていなかったので、植物を殺すことを殺生とはみなさなかった。植物には「こころ」がなく、善業も悪業も積めないので、輪廻する主体とは考えられず、したがって輪廻する領域にも含まれなかったのである。

しかし、そのインド仏教が中国を経由して日本に入ると、生命観にも変化が見られる。「奈良の大仏」で知られる毘盧遮那《びるしゃな》仏を造立した聖武天皇は、天平一五年一〇月一五日に「大仏造立の詔」を出したが、そこには「万代の福業を脩めて、動植ことごとく栄えむとす」と記され、動物とならんで植物も視野に入っている。

## 草木も成仏するのか

インド仏教は「衆生」の中に植物を認めなかったが、植物は石などと違い、遺伝子を有し、また時間とともに成長するし、また死滅もするから、何らかの生命を宿していることは感覚的に理解できる。では、コップや鉛筆といった無生物にまで命を認めることはできるか。植物に命を認めなかった仏教が日本に将来されると、植物を含め、一切の存在に仏性を認めるようになる。仏性を認めるということは、そこに命を認め心を認めていることになろう。

日本では一般にこれを「草木国土悉皆成仏（草木や国土は悉く皆成仏する）／山川草木悉有仏性（山川や草木は悉く仏性を有す）」と表現する。末木［2017: 12］によれば、「草木国土悉皆成仏」は日本の仏典などに典拠はあるが、「山川草木悉有仏性」は梅原猛の造語のようで、それを当時の首相だった中曽根康弘が第一〇四回国会施政方針演説で使ったことで、一気に日本で広まった。

ただし「国土」は「山川」、「成仏」は「仏性《ぶっしょう》」とほぼ同義語だから、「草木国土悉皆成仏」を「山川草木悉有仏性」に置き換えても、その意味内容に変化はないが、学問的には出典を押さえておく必要がある。では、その出典は何かというと、平安時代の天台僧である安然《あんねん》が著した『斟定草木成仏私記《かんじょうそうもくじょうぶつしき》』だ。以下、末木［2017: 21］によりながら「草木国土悉皆成仏（以下、草木成仏）」思想の要点をまとめよう。まず、現代的な生物・無生物の分類と仏教的な分類（六道輪廻）とを対比させると、以下のとおり。

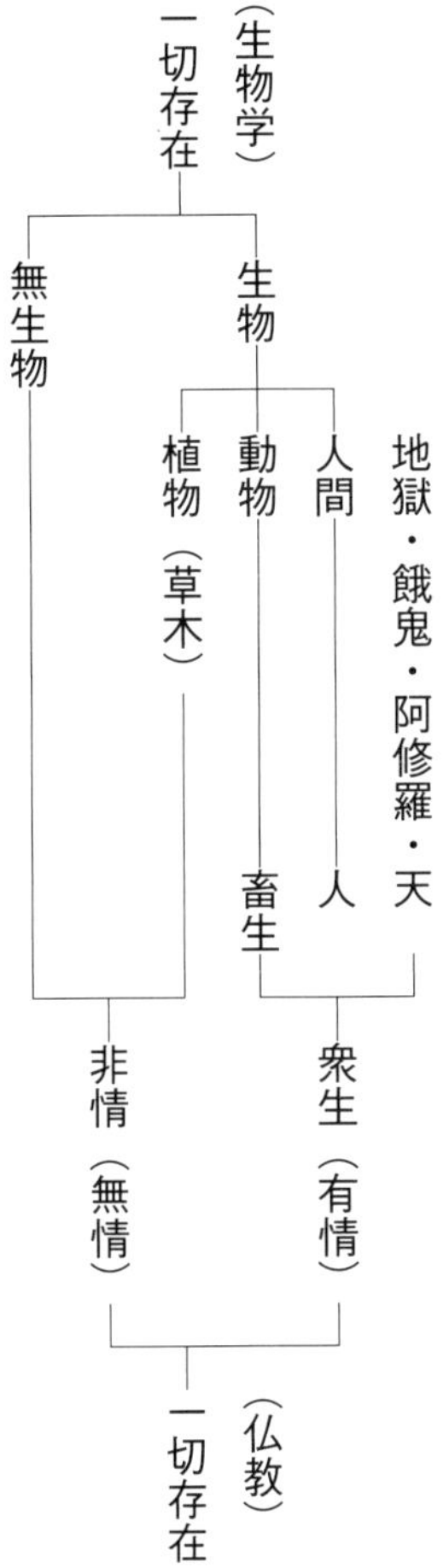


またつぎに確認しておくべきは、日本仏教の各宗派（顕密の八宗）がすべて草木成仏を認めたわけではない点だ。これも末木［2017: 47］）に基づき、まとめておく。

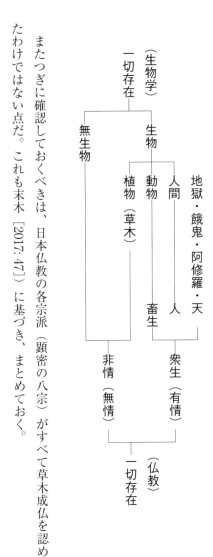

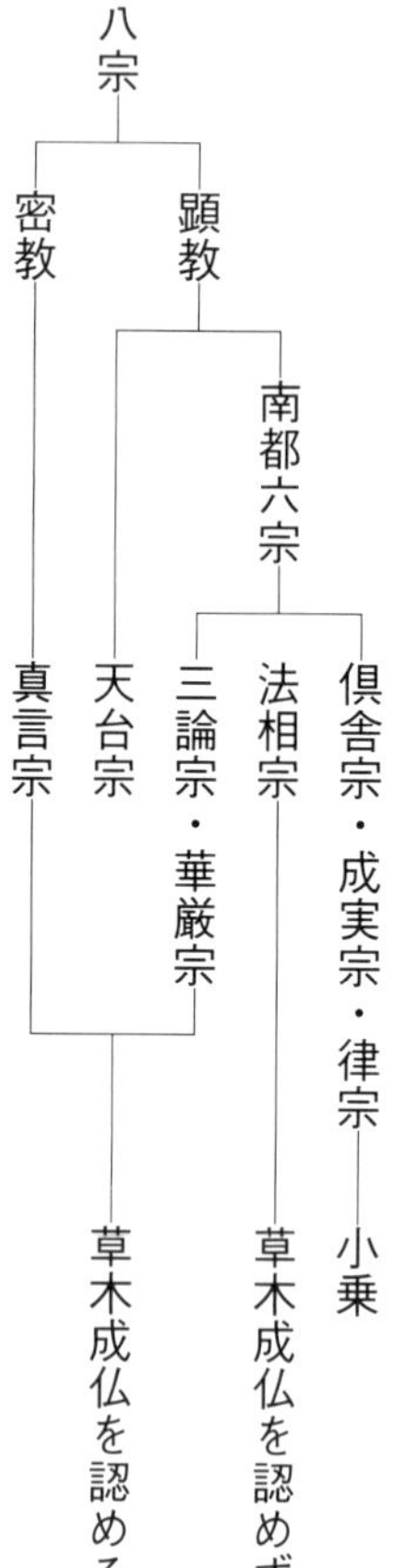


八宗のうち、草木成仏を認める三論宗・華厳宗・天台宗の三宗の共通点は、いずれも有情と非情が縁起により「不二」の関係にあることを前提とする。しかし、有情と非情とを完全には同一と見なさず、有情の側の成仏が優先され、それによって初めて世界全体が仏の世界となることで、非情の成仏が成り立つとする。つまり、この環境世界を浄化し完成させていく責任は有情、具体的には人間にあるということになる。人間の成仏により、それと不二の関係にある非情が成仏するという。よって、草木がそれ自身で成仏するわけではない。

しかし安然はこれを否定し、彼独自の草木成仏説を展開する。つまり一草一木はそれ自身で発心し修行し成仏するという「草木自成仏説」を唱える。それはいかにして可能になるのか。安然はその根拠を「真如」に求める。そこで、真如について説明しておこう。その原語は「タター（tathatā）」であり、「そのように（tathā）」に抽象名詞を作る接尾辞「ター（tā）」が付された合成語であり、「そのようにあること」を原意とし、そこから派生して「真理／真実」を意味する。

大乗仏教になると、これはたんなる「真理／真実」に留まらず、「万物のあり方」として重視された。大乗仏教はこの世界を「空」と否定的に把捉したが、それを肯定的に表現すれば「実相《じっそう》／法性《ほっしょう》／法界《ほうかい》」となり、「真如」もこれらの同義語とみなされる。ではこれをふまえ、以下に安然の草木成仏説の要点を示す。

安然は多様な世界の真理を唯一の根源へと集約する。それが密教の大日如来である。それをさらに理論的に原理を探求してふかめたときに、「真如」と呼ばれる。この世界はすべてが真如の活動からなっているのであるから、有情も無情もすべて真如そのものということになる。そうであれば、もはや有情と無情を区別することはできない。有情も無情も、人間も草木も、すべてが同一レベルで仏の世界の顕れと見られることになる。それ故、人が発心・成仏できるのであれば、同じように草木も自ら発心・成仏できるのでなければならない。これが安然が到達した草木成仏論の解決であった（末木［2017: 93］）。

さきほど確認したように、植物と無生物は仏教では非情（無情）という同じ分類に入るので、コップや石といった無生物も発心・成仏できることになる。現代人の目からすれば、コップや石が発心し修行して成仏するというのは想像しがたいが、これが密教の真如説を利用した安然の答えだった。その是非はともかく、アニミズム的世界観を有する日本人には「存在のすべてに命が宿っている」という考え方自体は、違和感なく受け入れられるのではないか。なぜなら、日本人には「供養」という伝統があるからだ。人形供養は人形が人間に似せて作られているからわからないではないが、「針供養」を代表とするさまざまなモノにたいする供養の伝統は、モノに命を認めている証左となろう。

隈元［2013］は、農業機械供養・筆供養・入れ歯供養・写真供養・扇供養などの供養があることを報告している（「入れ歯供養」については岡田［2004］に詳しい）。こうして日本仏教では、有情はもちろん、非情（無情）までもが慈悲の対象となることが確認された。これにより、動物愛護や環境問題までも利他の射程に入れてもよいことになる。ただし、これはあくまで日本仏教に限定しての話であり、またその日本仏教の中でも、ある一部の説であることを断っておく。草木成仏論はインドでは体系化された教理として成立しておらず、中国で初めて問題にされ、主として日本で展開してきたと末木［2017: 154］は指摘する。

## 慈悲の主体としての草木国土

さてここまで、非情（無情）を慈悲の及ぶ対象、つまり慈悲（利他）の受益者と決めつけて考えてきたが、発想を逆転させれば、面白いことがみえてくる。人間以外の者（動物も含め、非情（無情））が人間を利する場合もあるのではないか。だとすれば、安然とは違った論法で、草木成仏を立証できる。以下、この点について考えてみよう。

先ずは動物の場合から。卑近な例としてペットを挙げることができる。犬や猫といったペットに癒やされる人は少なくない。ペットに「人を利し、悟りに導こう」という意思はないだろうが、その自然な行動が結果として人を癒し、人を幸せにする。負傷して動けない飼い主の居場所を犬が誰かに知らせて飼い主の命を救い、また災害救助犬は実際に人命を救助すべく活躍している。これは人間にはない嗅覚を駆使した犬ならではの行動だ。

また、キング［2014］は死を悼む動物の例を多数報告しているが、その姿は人間の心を打ち、人の行動に変容をもたらす。とすれば、意図的ではないにせよ、動物が人間を利することもあり、動物と人間の関係は人間から動物への一方通行ではなく、双方向的であると認識せねばならない。動物が人間を利するケースは次章のブッダのジャータカで確認するが、ブッダと同じように、ある菩薩が動物となって菩薩行を実践していると考えれば、ありえない話ではない。

動物は人間と同じ生物であるからまだよいとして、非情（無情）の場合はどうか。石や木が人間を利し、悟りに導くことはありえるのか。極端な例だが、石仏や石膏仏はどうか（木像仏は素材が木なので、ここでは外す）。いずれも素材は非情（無情）であるが、その仏に信仰心を抱き、心を癒やされ、仏縁を結んだ人も、長い仏教の歴史の中で大勢いたはずだ。私事で強縮だが、一つ例を示そう。

私が高校生のころ、檀家の方が、スリランカ（セイロン）旅行の土産にと一体の石膏の仏像（座像）をプレゼントしてくれた。日本の仏像しか見たことのなかった私は、その顔立ちのエキゾチックさに魅了され、新鮮な驚きを覚えた。そして大学に入学し、実家を離れて京都で下宿生活するようになったとき、私はこの仏像を下宿に置きたく思い、京都に運んだ。下宿生活中、それから結婚して新居を構えてもずっとこの仏像を部屋の中に安置してきたが、それは「美術品」の域を出るものではなかった。

ところがある日から、それはたんなる「美術品」という枠を超え、私にとって「真理を伝える存在」となった。四〇歳を超え、大学でも少しは責任のある仕事を任されるようになり、さまざまなプレッシャーを感じる毎日を送っていた。リビングで夜、時計を見ながら「明日もまた会議か」と嘆息したとき、正面に置いてあったその仏像が目に入る。背筋を真っ直ぐに伸ばして瞑想しているブッダ像を見た瞬間、「今日は会議でうまくいった／今日は会議で散々な目にあった」と私の心が激しく乱高下している間、ずっとこのブッダ像は安らかに端坐していることに思い至った。

そしてつぎの瞬間、突然閃いた。仏像と暮らして二〇年以上、私が喜んだり悲しんだり悩んだりと、心が浮き沈みしているあいだ中、ずっとこのブッダは姿勢を変えず、静謐《せいひつ》を守って瞑想していた、これぞまさしく涅槃寂静ではないか、と。この瞬間から、この仏像は私にとって美術品の仏像というに留まらず、涅槃寂静という真理を伝える仏そのものに存在自体が変化した。とすれば、これはたんなる石膏の塊ではなく、涅槃寂静の真理を伝え、私の心を癒した仏そのものと解釈できる（平岡［2016a: 146-151］）。

石仏や石膏仏という仏の姿を取らなくても、中国の禅僧は自然現象（落葉など）を見て開悟したという話も散見する。ここで「仏」の存在を「自利（上求菩提）」という向上的な方向ではなく、「利他（下化衆生）」という向下的な方向から考えてみよう。『観無量寿経《かんむりょうじゅきょう》』に「仏心とは大慈悲これなり」とあるから、慈悲を及ぼしうるものはすべて仏であると解釈できる。そう考えれば、ここで取り上げた草木国土という非情（無情）も仏たりえるのであり、そうであれば、非情（無情）には仏性があり、成仏すると解釈できる。

安然は「自利（上求菩提《じょうぐぼだい》）」の視点から草木成仏を考えたが、「利他（下化衆生《げけしゅじょう》）」という逆の視点から帰納的に考えても草木成仏を立証できよう。これをさらに、「理法（形而上の真理）と教法（形而下の真理）」という観点から考えてみたい。

真理そのものは形を超えている（形而上）が、それが何らかの〝媒体〟を介して形而下に表れたものが教法だ。その典型例は文字を介した経典などの「教え」だが、木・石・紙などの物質を介せば仏像や仏画になる。とすれば、問題は媒体ではなく、その媒体がどれほど忠実に理法を表現しているかにある。これは受け手である人間の能力にも関係する。能力が高ければ、中国の禅僧のように、ただ落葉を見て悟る場合もあるので何の工夫も要らない。しかし能力が低い場合は、理法の象《かたど》り方には工夫がいる。その濃淡に差はあるが、一切の存在が真如の表れであるかぎり人を利する力があり、その意味で有情も無情も仏の性質を有していると考えることができよう。

これを敷衍すれば、死者も生者を利する存在になりうるのであり、これについて説明の必要はないだろう。科学の発達により、宗教的な権威は失墜し、科学万能主義を錦の御旗に人間をすべての中心に置く考え方が横行している。よって、利他を考える場合、人間が利他の実践者であり、人間以外はその人間の利他の受益者であると自動的に考えてしまう。これは人間の責任感を問うプラスの面も表しているが、同時に人間の傲慢さというマイナス面をも示している。

これまでみてきたように、人間が人間以外のものから恩恵を受ける場合もある。人間だけがすべての中心ではないのだ。利他する場合にも利他される場合にも、それが本来性を発揮するには自我を相対化する必要があるし、またそれを実現するのは人間を超えた力、すなわち「他力」が必要となるが、これについては第七章で詳しく取り上げる。

# 第三章　ブッダの利他

仏教において「利他」は重要な概念だが、本章ではその仏教の開祖ブッダの生き方を手がかりに利他を考えていく。最初に仏伝（ブッダの伝記）の事例を取り上げよう。ブッダは悟りを開き、その後、その悟りの内容を他者に説示して多くの人々を悟りに導いた。まさに利他である。よって、まずは仏伝に基づき、ブッダの智慧の獲得（自利）から最初の説法（利他）に至る経緯を整理する。その後、説話文献を手がかりに、ブッダの利他の具体的実践を紹介しよう。仏教はブッダを理想として成立しているので、彼の利他から理想的な利他を学ぶことができるはずだ。

## 出家の原因

今からおよそ二五〇〇年前、釈迦《しゃか》族の王子として誕生したブッダは、自らの出産で母マーヤーが命を落とすという重い十字架を背負って人生をスタートした。母の死と引き換えに、自らの生を得たブッダは、誕生の時点で宗教的生を運命づけられていたと言っても過言ではあるまい。

王子として生まれたブッダは、物質的には恵まれた環境で育てられた。絹の衣を身にまとい、贅沢な食を享受し、季節に合わせて三つの宮殿が与えられたという。青年になったブッダはヤショーダラーという娘と結婚し、ラーフラという息子を授かったが、その後、その妻子を捨てて出家に身を投じた。なぜブッダは宮殿の満ち足りた生活を放棄し、また妻子を捨ててまで出家したのか。

仏典にはさまざまなエピソードが語られ、実際に出家の原因が何であったかは不明だ。一般的に語られるのは「四門出遊《しもんしゅつゆう》」のエピソードだが、これは後に詳説するとして、出家の原因に関する興味深い話を一つだけ紹介しておこう。

ブッダの息子の名前は「ラーフラ」だが、これは「障害物」を意味するとされる。なぜ息子にそのような名前をつけたのかというと、妻が出産したとの知らせを受けたブッダは出家を考えていたので、「〔出家に当たって〕障害が生じた」とつぶやき、それが息子の名前になったという。これが一般的な理解だが、並川［2005: 130-152］はまったく違った視点からこの問題にアプローチする。

詳細は省くが、ラーフラとは「日食」を意味する「悪魔」の意である。これだけであれば、その意味は不明だが、釈迦族が「太陽族の末裔」という伝承があることを考えあわせると、俄然、不穏な意味が立ち上がってくる。日食とはまさに太陽が蝕まれる現象であるから、ラーフラは釈迦族にとって「相応しくない子」、つまりブッダの〝嫡子〟ではなかった可能性がでてくる。それを憂いてブッダは出家したのではないかというのが並川の見立てだ。それはともかく、仏典ではブッダの出家の原因を四門出遊に求めるのが一般的であるから、それを解説しよう。

宮殿内で大事に育てられたブッダは、宮殿の外で人々が実際にどのような生活をしているのか知りたくなった。そこでブッダは父王シュッドーダナに外出の許可を求めた。大事な跡取りを一人で外出させるわけには行かなかった父王は、侍者を同伴させることを条件に外出を認めた。こうしてブッダは宮殿の門を出ることになる。

まずブッダは東門から出た。するとそこで、ブッダは老人に出逢う。老人は白髪で頭も薄くなり、腰は曲がり、しわだらけであった。老人を見たことがなかったブッダは侍者に「あれは一体何者だ」と聞くと、侍者は「あれは老人という者でございます」と答えた。「どうしたら、あのようになるのだ」とブッダが訊くと、「年を取れば、人間は皆、あのようになるのです」と答えた。「私もそうなるのか」とブッダが訊くと、「そうでございます」と侍者は答えた。それを聞いたブッダはすっかり落ち込んでしまい、宮殿へと引き返していった。

同様に、南門では病人、そして西門では死人に出逢ったことを契機に、自分もいつかは病気になり、最後は死んでしまうことを悟る。最後に北門から出ると沙門《しゃもん》（出家修行者）に出逢い、それがきっかけで出家を決意したという。この話自体はできすぎており、これをそのまま史実とは認めがたいが、このエピソードはブッダが（そして仏教が）何を問題にしているかを如実に物語っている。性別や貧富、時代や地域に関係なく、人として生まれた者が避けて通ることができない老・病・死という人間の根本苦、それを解決するためにブッダは出家した。そして老・病・死のみならず、人間のあらゆる苦を克服するのが仏教の目的と言えよう。

ともかくブッダは人生の根本苦を克服するため、宮殿での贅沢な暮らしや妻子を捨ててまで、沙門となるべく出家した。ここで重要なのは、あくまで〝個人的〟な理由、すなわち〝自らの苦の克服（自利）〟が理由で出家したのであり、この時点で利他はまったく意識されていなかったという点だ。後世の発達した仏伝では「一切衆生の救済」を出家の理由とするものもあるが、それは結果をフィードバックした記述でしかない。

高崎［1992］が指摘するように、悟りを開くまでブッダの心中には他者への思い、他者の利益を顧慮する姿勢は見られない。他者のことがその心中に浮かんだのは、涅槃を得たとの自覚の直後だった。ではなぜ、自利に基づいて出家したブッダが利他に踏み切ったのか。これについては、後ほど私見を述べるとして、つぎに進もう。

## 修行から成道

二九歳で出家したブッダは故郷のカピラヴァストゥから大都会のラージャグリハに向かい、出家の生活に身を投じる。古代インドにおいて、出家者の行は大別して禅定《ぜんじょう》（精神集中）か苦行しかなかった。そこでブッダはまず禅定から始めた。最初はアーラーラ仙に師事したが、出家の目的である苦からの解脱は実現しなかった。つぎにブッダはウッダカ仙に師事したが、ここでも苦からの解脱は実現しなかった。そこでブッダは二人のもとを離れ、五人の仲間と苦行に身を投じる。

しかし、六年の苦行にもかかわらず、一向に自らの目的が達成されなかったブッダは、ついに苦行も放棄した。当時のインドの実践道だった禅定と苦行とを実践してみたが、当初の目的を達成できなかったブッダは、既成の枠を破り、自らの創意に基づいて行動せざるをえなくなった。断食などで疲労しきっていたブッダはまずネーランジャラー川で沐浴し、また村娘スジャーターから施された乳粥を口にし、気力と体力とを取り戻したが、それを見ていた五人の修行者はブッダが奢侈に堕したと考え、彼を見捨ててベナレスへと去ってしまった。

気力と体力を取り戻したブッダは無花果の樹の一種であるアッサッタ樹の根元に農夫からもらったムンジャ草を敷き、目的を成就するまでは決してその座から立たないという誓いを立てて、そこに坐った。するとそこに悪魔が現れ、ブッダの悟りを妨害しようとした。しかしブッダはその悪魔を降伏させて悟りを開くことになるが、これを降魔成道という。

何を悟ったかについて、仏伝資料は「十二支縁起」を説く。これは老死の苦の原因を順次探究していき、最終的にその原因を「無明」に求める縁起説である。その項目が全部で一二あるから「十二支縁起」と呼ばれるが、これは後代の教学を反映したものであり、これをそのまま史実と認めることはできない。しかし、出家の原因で確認したように、ブッダの目的は老・病・死の苦からの解脱であり、一二の項目はともかく、その原因が無明にあることは理に適っている。

## 成道（自利）から初転法輪（利他）

こうして悟りを開いたブッダは、成道後、さまざまな樹の下で結跏趺坐して解脱の喜びを味わっていたが、ここにブッダが説法を決意するに至った「梵天勧請《ぼんてんかんじょう》」という重要なエピソードがある。成道後の瞑想の中で、ブッダはつぎのように考えた。

〈苦労して私が悟ったことを、今、説く必要があろうか。貪と瞋に負けた人々が、この法を悟るのは容易ではない。これは世の流れに逆らい、微妙であり、深遠で、見難く、微細であるから、貪に染まり、暗闇に覆われた人々は見ることができない〉（Vin. i 5.8–11）

それを知ったバラモン教の最高神であるブラフマー（梵天）は、このままではこの世が滅びると考え、ブッダの前に現れると、こう言った。

「大徳よ、尊師は法をお説き下さい。善逝は法をお説き下さい。〔この世には〕生まれつき汚れの少ない有情がいます。彼らは法を聞かなければ衰退しますが、〔聞けば〕法を悟る者となるでしょう」（Vin. i 5.24–26）

こう言われたブッダは、世間の人間を観察した後、ついに説法を決意。そこでつぎに問題になるのが、誰にたいして最初の説法を行うかだ。まず最初に思いついたのが、かつての禅定の師匠アーラーラ仙とウッダカ仙だったが、両人ともすでに死亡していることを知る。そこでつぎにブッダが選んだのは、苦行時代の五人の仲間だった。そこでブッダは彼らのいるベナレスに向かった。その途中、ブッダはアージーヴィカ（邪命外道《じゃみょうげどう》）のウパカに会い、自分が無師独悟し、解脱を得て、供養に値する者であり、今からその教えを説くためにベナレスに行くことを告げるが、ウパカはまだ機が熟しいなかったので、「そうかもしれない」と告げて、すれ違っただけだった。後に彼は仏弟子となっている。

その後、ブッダはベナレスに到着したが、五人の仲間はブッダが奢侈に堕したことを根に持ち、ブッダが来ても歓迎しないという取り決めをしたが、ブッダの威光に打たれ、知らぬまに皆、ブッダを手厚く歓迎していた。こうしてブッダの最初の説法が始まった。最初の説法の内容として「中道《ちゅうどう》・八正道《はっしょうどう》・四諦説《したいせつ》」が順次説かれたと言われている。こうして、修行の結果、苦から解脱したブッダは「自利」を完成させたが、自利に留まらず、自ら悟った法を他者に説き示すことで他者を悟りに導き、「利他」をも完成させた。

## ブッダが説法（利他）を決意した理由

仏伝の要は、この成道（自利）から最初の説法（利他）の展開にある。新井［2021］が指摘するように、仏伝資料によるかぎり、ブッダが説法を決意した理由は「梵天勧請」のエピソードしかないが、実際はどうだったのか。

悟りの前後に配置された二つのエピソード、すなわち降魔成道《ごうまじょうどう》と梵天勧請は多分に文学的修辞の所産であり、これを史実と認めるには無理がある。いずれのエピソードもブッダ自身の内面的葛藤と解釈できるし、さらに梵天勧請の「ブラフマーがブッダに頭を下げて説法を三度懇願する」という状況設定は、バラモン教から仏教への、インドにおける新旧宗教の世代交替を象徴的に表現しているとも理解できるからだ。そこで以下、仏伝資料にはまったく触れられていないが、ブッダの出家の原因が「老・病・死の苦からの解脱」であり、およびブッダの悟りの内容が「縁起」という、この二点から、ブッダが説法を決意した理由について私見を述べる。

老・病・死の中でも、最大の苦は死苦である。ブッダは菩提樹の根元に坐り、「そもそもなぜ死ぬのか」を考えたに違いない。そして「それは病になるから死ぬのだ。ではなぜ病になるのか。それは老いるからだ」と思考を深めていく。問題はつぎの「ではなぜ老いるのか」にあった。ここでブッダは極めて単純な理屈に行き当たる。「老」も含め、「老・病・死の原因、それは突き詰めれば「生（この場合は「生きる」ではなく「生まれる」）」にあることにブッダは気づいた。「人間が死ぬのは、生まれてきたからなのだ」と見抜いたのである。

「死」と「生」は対極の概念だから、常識的に考えれば、両者が関係しているとは思わない。これ以外にも、「男／女」「高／低」「始／終」など、相対立する概念は対極にあるので「没交渉・無関係」と判断してしまうが、実際はそうではなかった。紙の表裏のように、両者は背中合わせの関係（「即」の関係）で結ばれていたのである。そもそも、生まれてこなければ死ぬこともない、というか「死ねない」のである。これを逆から言えば、「生まれた者は必ず死ぬ」ということになる。ここでブッダは「生と死が縁起の関係にある」と喝破した。すなわち、生を縁として死が生起し、死を縁として生が生起する。生と死は別物ではなく、二つで一つの事実（不二）なのである。

これで生と死の関係は明らかになった。つぎの問題は「ではなぜ老・病・死を苦と感じるのか」である。これについては、十二縁起の最後に「無明」が置かれていることから考えてみよう。無明とは「真理に暗いこと」だが、この場合の真理とは縁起であるから、「本来、生と死は縁起の関係にあるのに、それを知らず、その二つを切り離し、生のみに執着して死を否定することから苦が生じる」ということになる。老と病も同じで、若さに執着するから老が苦に、健康に執着するから病が苦に感じられる。

無常という真理に貫かれた人間は、ひとたび生まれれば、必ず老い、必ず病になり、最後は必ず死んでしまう。にもかかわらず、人間は縁起の道理を知らず、「若さ・健康・生命」に執着するため「老・病・死」を苦と感じる。だから、縁起の道理を如実に認識し、「若さ・健康・生命」にたいする執着を捨てれば、「老・病・死」を苦と感じることはない。これがブッダの悟りの内容だったと私は考える。

このように縁起という真理にたいする目覚めは、個別に存在していると思われていた相対立する概念を引き寄せ、さらに両者の壁を取り除いてしまう働きを持つ。だから縁起の目覚めによって獲得される智慧は「無分別智《むふんべっち》」と呼ばれる。生と死を分別せず、まるごと理解するのである。こうしてブッダは縁起の真理に目覚め、生と死の壁を取り壊すことで死苦を克服したのである。

さて、問題はここからだ。ブッダの出家の原因が「苦からの解脱」だったとするなら、成道の時点でブッダの目標はすでに達成されたことになる。だからブッダはそのまま修行者（沙門）として山中でひとり暮らしてもよかったはずだ。だが、ブッダは説法に踏み切った。なぜか。その理由も、ブッダが縁起を悟り、無分別智を獲得したことから考えれば、説明がつく。

さきほど縁起の目覚めは「相対立する概念を引き寄せ、さらに両者の壁を取り除いてしまう働きを持つ」と指摘したが、これは「自／他」の関係にも当てはまる。自分を縁として他者があり、他者を縁として自分があるなら、自分が縁起に目覚めて苦から解脱したことをもって自利が完成したとはならない。真の自利は利他と表裏の関係にある。想像の域は出ないが、成道してから最初の説法を始めるまでのブッダの心中を察するとつぎのようになる（あくまで私の想像です）。

最初、ブッダは自らの目的を達成し、喜びに浸っていた。六年間の修行のすえに、まだ誰も発見していない縁起の理法に目覚め、長年、自分の心を悩ませてきた問題を解決したのであるから当然だ。しかし、ブッダは縁起を悟ったがために、生と死の壁のみならず、自分と他者との壁も崩れていた。

成道後、しばらくして客観的に世の中を見渡したとき、縁起の道理を知らずに苦しむ多くの人々の姿がブッダの脳裏に去来したのではないか。そうなると、自利は半減してしまう。ここに他者を利することが自己を利することになるという「自利即利他」の考えが芽生えてくる。

つまり、理想的な利他の考えである。しかし、「今まで誰も説かなかった縁起の道理を人々に説いても理解されるであろうか。いや、理解できる人もいるはずだ。説法すべきだ」という葛藤がブッダにあった。これが「梵天勧請」ではブッダと梵天の会話として描かれているが、実はこれはブッダの心理的葛藤を描いていると解釈できよう。

ともかく、仏伝の中の降魔成道から初転法輪のプロセスに、智慧から慈悲、自利から利他への展開という仏教のエッセンスが凝縮されているのである。

## ブッダの宗教性

ではブッダの利他に関し、ブッダの宗教性について考えてみよう。並川によれば、ブッダ以外にもBuddhaと呼ばれていた仏弟子がいた。つまり、Buddhaとは固有名詞ではなく普通名詞だった。それが時間の経過とともに固有名詞化され、Buddhaといえば教祖「ブッダ」ただ一人を指し示す名詞に変化する。こうして、ブッダも仏弟子もBuddhaと呼ばれていたとすれば、両者の間にはいかなる違いもなかったのか。これについても並川［2005: 22–64］の研究を参考にしながら説明しよう。

並川は、主要な仏弟子のシャーリプトラ（智慧第一の弟子）、マハーマウドガリヤーヤナ

（神通第一の弟子）、マハーカーシャパ（頭陀《ずだ》第一の弟子）、そしてアーナンダ（多聞《たもん》第一の弟子）などが、宗教的境地に関し、経典でいかに形容されているか、初期経典の中でも古層と考えられている経典にみられる形容句を六種類に整理した。

詳細は割愛するが、宗教的な属性（「迷いの根本を滅した／二度と迷いの生存を繰り返さない／六神通を証得した／あらゆる苦から解脱した」など）に関してブッダと仏弟子との間には大差がない。しかし、ブッダだけに使われる形容句もあると言う。それは「太陽族の末裔／比類なき者／〔真実をみる〕眼を持つ者／師」などだが、これらは呼称に属するものばかりで、ブッダ固有の宗教的属性を知る手がかりにはならない。

これらとは別に、並川はブッダにのみ使われる宗教的属性を特定した。それが「渡す」という属性だ。たとえば、「あなたは自ら〔輪廻の流れを〕渡り終え、この人々を〔彼岸に〕渡す」と説かれる。この表現は、迷いの世界に沈淪する衆生を悟りの世界（彼岸）に導くという救済の行為を明示しており、この「衆生救済」という点にブッダ固有の宗教的属性があると並川は指摘した。言語的には「渡る」を意味する√tṝ の使役形（渡す）が使われている。たとえば、ブッダに帰依した神々や人々はブッダをつぎのように讃嘆する。

「あなたは〔自ら〕調御して〔他を〕調御せしめる最高のお方、〔自ら〕寂静となって〔他を〕寂静ならしめる聖者、〔自ら〕解脱して〔他を〕解脱せしめる最上のお方、そして〔自ら〕渡り〔他を〕渡らしめるお方なり」(It. 123.13-16)

この表現は大乗経典にも継承され、菩薩の一般的な誓願としても定着するが、これについては次章で取り上げる。では最後に一例だけ、菩薩に関連して「渡す」の用例を紹介しておこう。それはブッダが過去世で菩薩として最初のキャリアを踏み出すきっかけとなった伝承だ。

遠い昔、スメーダというバラモン(ブッダの本生)は世俗の生活を捨てると、生老病死を超越した境地を求め、ヒマラヤ山麓で出家の生活に入る。修行の甲斐あって彼が神通力を体得し、瞑想の楽しみを享受して時を過ごしていたとき、燃灯仏が世に出現し、大勢の弟子たちを引き連れて都に赴いた。それを知ったスメーダは、身体による奉仕を仏にしようと意を決し、泥濘《ぬかるみ》に自分の解いた髪を敷くと、その上をディーパンカラ仏が通られることを望んだ。そのとき、スメーダはこう考え、仏になる決意を固める。

大地に臥せる我に、かく思念は生じたり。〈望まば、我は今〔ただちに〕我が煩悩を焼き尽くすことを得ん。しかるに、その姿誰にも知られず、我は法を証得して如何せん。一《いっ》切知性《さいちしょう》を獲得し、神を含める〔この世〕において、我は仏とならん。力を誇示し、我独り〔彼岸に〕渡りて如何せん。一切知性を獲得し、我は神を含める〔この世の〕人を〔彼岸に〕渡さん。力を示し、この奉仕によりて、我は一切知性を獲得し、多くの人を〔彼岸に〕渡さん。輪廻の流れを断ち切り、三有《さんぬ》を滅ぼし、法の舟に乗りて、我は神を含める〔この世の〕人を〔彼岸に〕渡さん〉と（Ja. i 14.6–15）。

燃灯仏はその手前で立ち止まり、「将来、彼はゴータマという名の仏になるだろう」と予言した。これがブッダの修行の起点となり、それ以降、今生において菩提樹の下で悟りを開き、仏になるまで、菩薩としての修行の生活が始まるが、この決意の中でも√tṝ の使役形（渡す）が使われている。

以上、「〔衆生を彼岸に〕渡す」という属性こそブッダに固有の宗教性を表しており、これはまさに本書で明らかにする「利他」と関連する要語となる。「彼岸に渡す」ということが悟りに資するという仏教的〝利〟を示し、「衆生を」ということが仏教的〝他〟を示している。そしてこのブッダ固有の属性が、大乗仏教の四弘誓願では菩薩一般の属性にまで拡げられる、つまりブッダの利他が理想視されることになるが、これについては次章で詳説する。

## 人間が動物を利するジャータカ

いまブッダの過去世に言及したので、『ジャータカ』(ブッダの本生話の集成)を参考に、過去世でブッダが実践した利他行を取り上げる。過去世であってもブッダの利他なので、その利他は理想的な利他の例となる。その利他行の典型は布施だが、その中でも身体の布施が究極の布施となる。身体の布施をテーマとしたジャータカの中でも人口に膾炙した捨身飼虎《しゃしんしこ》の物語は、玉虫厨子にも描かれている有名なジャータカだ。この物語は、六道輪廻の上位にある人間が下位の動物に自らの身体を布施するという点でも、利他を考える上で重要である。では、その内容を『ジャータカ・マーラー』(第一話)から紹介しよう(干潟・高原[1990: 3-11])。

あるとき、菩薩(ブッダ)はバラモンの家に生まれた。彼はあらゆる技芸や学問を修めて教師となったが、愛欲や罪過の多い在家の生活をよしとせず、出家して森を住処とし、弟子のアジタとともに山の洞窟や叢林を遍歴した。

あるとき、彼は出産を終えたばかりの一頭の母虎を見た。彼女は飢えのために痩せ細り、産んだばかりの子虎を餌食のように眺めていた。その母虎は、乳を求めて近づく子虎に向かって咆哮し威嚇していたが、それを見た菩薩は弟子にこう言った。「見よ、輪廻の邪悪さを。かの母虎は自分の子どもたちさえも、飢えのために食べようとしている。自己愛ゆえに、母でさえも我が子を食べようとしている。子虎と母虎とを救うために、彼女の飢えの苦しみを癒す食物をすぐに探してきてくれ。私も彼女が子虎を食べてしまうのを何とか阻止する手立てを考えよう」と。

弟子は「承知しました」と言って、母虎の食糧を探しに出かけた。菩薩は弟子を行かせてから考えた。〈自分自身の身体があるのに、私はほかの誰かから肉（食糧）を求めるのは間違っている。不浄な肉体が他者の役に立つのは、喜ばしいことではないか。他者が苦しんでいるかぎり、私に安楽はない。私には力があるのに、どうして今、母虎を見捨てることができようか。いざ私は母虎および子虎たちの面前に断崖絶壁から飛び降り、私の身体を食糧として供することで、牝虎が殺生を犯すことを阻止しよう〉と。

さらにまた、菩薩は考えた。〈かつて私には自分の身体を与えても他者を利益したいとの願いがあった。その願いが今や叶えられ、最高の正覚をもたらすことになろう。この私の行為は、名声や天界に再生するためでもない。王国や自分自身の安楽のためでもない。ただ、利他を成就するためである。私はあらゆる方法で衆生にたいして常に安楽を伴った利益をなすだろう〉

と。こう決心した菩薩は断崖から身を投じた。それを見た母虎は自分の子を食べるのをやめ、菩薩の身体を食べはじめた。

そのとき、手を空にして戻ってきた弟子は菩薩が母虎に食べられているのを見て、最初は悲しみのあまり慟哭したが、後にその行為を「ああ、不幸に苦しむ者たちに彼は哀愍の情を抱く。彼は自己の安楽に執着しない。ああ、ほかの人々の名声や繁栄は、彼によって凌駕されてしまった！」と言って菩薩の所行を賛美した（平岡［2020b: 158–159］）。

菩薩の行為が正覚をもたらすことは菩薩自身が語っているので、身体の布施はたんなる自己犠牲では決してなく、自利（正覚の獲得）につながる利他である。またその利他の受益者である母虎も、菩薩の身体を食べることで自分の子虎を食べて殺すという殺生（悪業）を避けることができ、地獄から遠ざかることができた。それは結果として、間接的にではあるが、涅槃に近づいたことを意味する。こうして、菩薩の身体の布施は双方にとって利のある行為となった。まさに自利即利他である。ここで重要なのは、母虎がその身体を食べるとき、身投げしたバラモンはすでに死んでいたことだ。該当する原典の訳は、つぎのとおり。

〔母虎は〕生命のなくなった菩薩の身体を見て、急いで走って食わんとして近づいた。肉を手に入れずに戻ってきた彼の弟子は「師はどこにおわすか」と見廻して、生命のなくなった菩薩の身体を母虎が食べつつあるのを見た（Jm 5.9–12）。

傍線で示したように、母虎がその身体を食べるとき、バラモンは「すでに死んでいた」ことを二カ所にわたって強調する。これは何を意味するのか。もしも身投げした時点でバラモンにまだ意識があり、それを母虎が食べてしまったら、それは殺生になり、利他が成立しないばかりか、菩薩の行為は殺生幇助となる。それを避けるため、母虎が菩薩の身体を食べるときには菩薩の生命がなくなっていた（＝死んでいた）ことを強調したのではないか。

これと同様に、人間が自分の肉を動物に布施するジャータカがある。シビ王本生話だ。これは猛禽類の鷹に命を狙われた鳩がシビ王（ブッダの本生）に助けを求めると、王は鳩の命を助けるために自分の身体を布施するという話だ（平岡［2020b: 156–157］）。いずれも、六道輪廻では上位に位置する人間が、下位の動物を利するという展開になっている。

## 動物が人間を利するジャータカ

しかし、ジャータカにはその逆のパターン、すなわち動物が人間を利するという話も散見する。ここでは、その二つのジャータカを紹介しよう。一つ目は日本人にもよく知られた兎本生話であり、動物が人間に身体を布施する話が説かれている。ここではパーリ『ジャータカ』から紹介しよう。

詳細は平岡［2020b: 154-156］にゆずって省略するが、ここではウサギに生まれ変わっていた菩薩（ブッダ）の布施の決意を試そうと、サッカ（帝釈天《たいしゃくてん》）がバラモンに変装し、兎の前に姿を現し、食を乞う。すると兎は自らの身体を布施しようと決意し、バラモンに薪を集め、火を発すように促した。そこでサッカが火を発すと、自分の毛の中にいる虫を道連れにしないよう、三度身体を振い、その火の中に飛び込んだ。しかしそれはサッカが神通力で化作した火だったので、実際にウサギの身体を焼くことはなかった。自分の身体を布施するさい、他の命を奪わないように「三度身体を振う」という行為はきわめて印象的である。

つぎに紹介するのは、身体の布施ではないが、動物の行為が人間に影響を与えているジャータカ（鹿王本生話）である。まずは、このジャータカが説かれるに至った現在物語（過去物語ジャータカの導入となる因縁譚）から紹介しよう。

ある豪商の娘は出家を志したが、両親はそれを許さなかったので、嫁入りしてから出家しようと考え、ある男性と結婚した。その後、妊娠したが、それに気づかず、彼女は夫を説得すると、デーヴァダッタのもとで出家した。出家後、妊娠したことが周囲に知られると、デーヴァダッタは悪評が立つのを恐れ、彼女を追い出してしまう。

そこで、彼女はブッダに救いを求める。ブッダはウパーリに命じ、彼女の妊娠が出家の前か後かを調べさせると、出家前であることがわかったので、ブッダは彼女を還俗させずに留め置いた。後に無事出産すると、それを知った王がその子の世話を申し出た。その子はカッサパと命名され、後に出家して阿羅漢《あらかん》となり、彼女も修行して阿羅漢となった。この話を承けて、過去物語であるジャータカが始まる。

かつて菩薩（ブッダ）はニグローダという鹿王に生まれ変わり、五〇〇頭の鹿の頭だった。そのとき、サーカという鹿（デーヴァダッタ）も五〇〇頭の鹿の頭だった。そのときの王は鹿狩りに夢中で、多くの鹿の命が奪われたので、無益な殺生を避けるために、ニグローダとサーカは一日に一頭ずつの鹿をそれぞれの群れから交替で王に献上しようと取り決めをした。

ある日、サーカの群れから一頭の妊娠した鹿に順番が回ってきた。その牝鹿は妊娠を理由に順番を変えてほしいとサーカに告げたが、彼はそれを認めなかった。そこで彼女は菩薩に助けを求めると、菩薩は自分が彼女の身代わりになることを約束し、自ら王の下に出向いた。事情を知った王はいたく感激し、「そのような忍耐と慈しみ憐れみの心を具えた者を、いまだかつて人間たちの中にさえ見たことはない」と告げると、その鹿王や妊娠した牝鹿をはじめ、鹿の群れのみならず、一切の動物の安全を保証した。

そして最後に、現在物語と過去物語との人物の比定が行われ、豪商の娘は牝鹿、その胎内にいたのはカッサパ、そして一切の動物に安全を保証した王はアーナンダであったという。このように菩薩（ブッダ）の行為は牝鹿とその子を利したのみならず、人間の王も教化し、三者とも仏道に導いて、最終的に悟りをもたらしていることがわかる。

これはフィクションだが、利他は人間が動物にたいして実践するだけでなく、動物が人間にたいしても行いうる行為であると認識しなければならない。これから人間が主体的にさまざまな面で利他を実践すべきことは言うまでもないが、それと同時に「動物（あるいは自然）からも学ぶ」という謙虚な姿勢も持ち合わせることの重要性を、これらのジャータカは教えている。

とくに前者の兎本生話は、我々の食事を考える上でも重要だ。我々の命が多くの動物の命を犠牲にして成り立っている現実をどう見直すべきか。動物も他の命を犠牲にして自らの命をつないでいる点は同じだが、少なくとも無益な殺生はしていない。これと比較した場合、人間世界から出される大量の食品廃棄物はどう考えるべきか。その一方で、飢餓に苦しむ人々もいる。なんともやりきれない話だ。人間の自我を相対化し、「動物が人間を利する／我々の食卓に上る動物は実は菩薩の菩薩行の結果である」という観点からこのような問題を見直せば、食品ロスや食品廃棄物の問題を解決する糸口が見つかるかもしれない。動物の犠牲は菩薩の菩薩行と考えれば、その犠牲もまた悟りに資する自利を伴った自利即利他の理想的利他なのだ。

## 悪人への利他

ここまでは、ブッダが菩薩だったときの、過去世における利他行を紹介したが、ここからはブッダが悟りを開いてから仏として実践した利他行を紹介する。悪人正機説《あくにんしょうきせつ》に代表されるように、利他（慈悲）がとくに必要なのは普通の人ではなく、悪人や人生に絶望した人々だが、ここでは、そのような仏弟子を取り上げ、ブッダによる利他の具体的実践例をみていく。最初は、悪人を代表してアングリマーラの利他から。

まずは彼の名前から説明しよう。これは彼の渾名だが、人の指（アングリ）を切り落としては、その指で華鬘《けまん》（マーラ）を作っていたことに由来する。本名は「アヒンサ（不殺生）」で、その名のとおり、本来は善人だった。ではどうして善人のアヒンサが殺人鬼になってしまったのか。彼の説話をみてみよう。

彼は師匠に師事し、教えを受けていた。あるとき師匠が外出すると、師匠の妻がアヒンサを誘惑したが、彼はそれを拒んだ。夫が帰ってくると、逆恨みした師匠の妻はアヒンサが自分を凌辱したと嘘をつく。師匠は激怒し、彼に「今から人を一〇〇人殺し、その指を切って首飾りを作れ。そうすれば、お前の修行は完成する」と命じた。こうしてアヒンサは殺人を重ね、最後の一人として自分の母を殺そうとしたところで、ブッダが彼を思いとどまらせ、教化するというのがアングリマーラの説話である。ではブッダがアングリマーラを教化する場面を『中部』から紹介する。

そのとき、コーサラ国には残忍で凶暴な凶賊アングリマーラが住んでいた。彼は人々を殺し、村・町・地方を破壊したが、そこへブッダは遊行に出かけた。人々はブッダが遊行するのを見ると、「沙門よ、この道を進んではいけません。この道の先にはアングリマーラという凶暴で残忍な凶賊がいます。彼は人々を殺し、村・町・地方を破壊し、人の指を切り落としては指で華鬘を作り、それを身に着けているのです。何十人という人々がこの道を進んでは、彼の手にかかって命を落としているのです」と忠告した。

忠告は三度に及んだが、ブッダはそれを気にとめずに道を進んだ。すると、ブッダの姿がアングリマーラの目に止まる。アングリマーラはブッダを殺そうと、後をつけた。そこでブッダは、普通に進んでも全速力のアングリマーラが追いつけないような神通力を現した。かつては走っている象さえも追いかけて殺したアングリマーラだったが、普通に歩くブッダに追いつけない。思わず彼は「止まれ、沙門よ！」とブッダに声を掛けると、「私は止まっている。お前の方こそ止まれ！」とブッダは応えた。

不審に思ったアングリマーラは「動いているお前が止まっており、止まっている私が動いているとは、どういう意味か」と尋ねると、ブッダは「アングリマーラよ、私はいつも生類に危害を加えずに止まっている。しかし汝は生類にたいし自制がないゆえに止まっていない。私は止まっているのだ」と答えた。

この言葉に気圧されたアングリマーラはすっかり回心し、仏弟子となった。それを知った王はブッダのもとに近づき、「私たちが棒や剣によっても調御できなかった彼を、世尊は棒も剣も使わずに調御されたとは、希有なことです。未曾有なことです」と称讃した。この後、アングリマーラは修行して阿羅漢になる。

長年修行した者には、不思議な力が備わるという伝統がインドにはある。それは「神通力」と呼ばれるが、それを自己顕示のために使うことをブッダは禁じた。しかし、その一方で、神通力を行使する用例も散見する。その用例を精査すると、神通力を行使するのは逆縁者（悪人や仏教に敵対する者）を教化する場合にかぎられ、これこそ神通力の正当的な使用法と考えられる（平岡［2007］）。

考えれば当然だが、逆縁者にロゴス（理屈）は通じない。とすれば、パトス（情緒・感情）に訴えかけるのが効果的であり、アングリマーラの教化はまさにこれに当てはまる。利他の手段が言葉だけではないことを物語る興味深い用例だ。ともかく、ブッダの利他の働きかけにより、悪人だったアングリマーラも悟りへと導かれた。なお、アングリマーラの説話は業思想を考える上で好材料を提供してくれるが、本書のテーマから外れるので省略する（平岡［2016b］）。

### 人生に絶望した人への利他

つぎは、利他の正機とも言える「人生に絶望した人」に、ブッダがどう接したかをみていこう。その典型例として、キサーゴータミーの話を取り上げる。彼女は我が子を幼くして失うという悲劇に見舞われたが、ブッダとの出逢いを機縁に、出家して阿羅漢になった。では、ブッダは彼女にどう接したのか。説話の内容は資料によって異なるが、古層の資料『長老尼偈』によれば、彼女はそのときの様子をつぎのように告白する。

私は分娩の時が近づいたので、歩いて行く途中で私の夫が路上に死んでいるのを見つけた。私は出産したので、家に帰ることができなかった。貧苦なる私の二人の子は死に、夫もまた路上で死に、母も父も兄弟も同じ火葬の薪で焼かれた（Thī 218-219）。

これによれば、彼女は二人の子のみならず、夫や両親とも死別している。なんとも過酷な人生だ。『長老尼偈』はこれ以上、詳しいことは何も語らないので、つぎに『ダンマパダ註』の説話をみてみよう。

貧しい家に生まれたゴータミーは痩せ細っていた（キサー）ので、キサーゴータミーと呼ばれた。彼女はある長者と結婚して息子を産んだが、歩けるようになったころ、死んでしまう。彼女は息子の死を受け入れられず、亡骸を抱えると薬を求めて彷徨った。その姿を見て哀れに思った村人たちは、彼女に「私はそのような薬を知らないが、薬を知っている人なら知っている」と言って、ブッダを紹介した。

そこで彼女はブッダのもとに赴き、つぎのような会話を交わす。「尊師よ、あなたは私の息子の薬をご存じだそうで」「いかにも」「何をお持ちしたらよいでしょうか」「一つまみの芥子の実である」「尊師よ、どの家でもらえばよいでしょうか」「息子であれ娘であれ、誰かがまだ死んだことがない家でだ」と。

これを聞いて彼女は町に戻り、芥子の実を求めるが、芥子の実はどこの家にもあるものの、死人を出していない家は一軒もなかった。どの家に行っても葬式を出しているという事実を突きつけられた彼女に、だんだんと真理が見えてくる。夕暮れ時、「業というものは何と重いのだ。私は自分の息子だけが死んだと思い込んでいた。ところが、町中で、生きている人よりも死んだ人のほうがずっと多いのだ」と考えているうちに、息子への愛情ゆえに弱くなっていた彼女の心は強さを取り戻し、息子の亡骸を森に埋葬すると、ブッダのもとに戻った。

そこでブッダは彼女につぎのように説示した。「汝は自分の息子だけが死んだと思っていたが、死は衆生にとって不動の掟である。死の王は一切の衆生が望みを成就しないうちに、それを大洪水のごとく押し流し、輪廻に投げ込むのだ」と。

その後、彼女は出家して修行を重ね、最後は悟りを得た。このように、ブッダは見事な方便により、絶望の淵で呻吟《しんぎん》していた彼女を救い上げ、悟りへと導いたのである。さきほどみたアングリマーラへの利他でブッダは神通力を行使したが、ここで紹介したキサーゴータミーへの利他も特徴的だ。これについては、長尾［2001: 145-148］を参考に整理する。

仏教では人間の行為を身（身体的行為）・口（言語表現）・意（思惟作用）の三業に分類する

が、説法は言葉を介して行われるのが普通だから、口業が中心だ。しかし、このキサーゴータミーへの説法は、たしかに言葉も使っているが、身業が中心であり、長尾はこれを「身業説法《しんごうせっぽう》」ととらえる。

ブッダは彼女に最初から「人間は誰でも死ぬのだ」という空々しい哲学を説いてはいない。彼女に町中を歩かせただけだ。しかし、時間をかけて歩くことにより、彼女の中に真理への目覚めが呼び起こされた。つまり、口で説明するのではなく、彼女自らがそれに気づくように仕向けたのである。ブッダは身をもって彼女の全存在に接し、また彼女も身をもってブッダの指示にしたがったのだから、これを長尾は「身業説法」と呼ぶ。言葉がすべてではないのである。そして最後に長尾［2001: 148］はこう結ぶ。

このように説法というものには、色々な手段や方法がある。半狂乱の状態にあるキサーゴータミーには何をしゃべっても耳には入らないし、「喝！」と叫ぶことも適切ではない。かといってたんなる沈黙が彼女を救うことにもならない。この物語が示すように、ブッダは巧みな方法（善巧方便《ぜんぎょうほうべん》）で、その場の状況にふさわしい説法を行った（要約）。

## 智慧から慈悲へ

本章ではブッダの利他を中心に説明してきたが、本章を閉じるに当たり、ブッダの利他（慈悲）について、まとめておく。ポイントは出家してから悟りを開くまで、ブッダに利他（慈悲）の考えはまったくなかったという点だ。後代の発達した仏伝資料はブッダの出家の目的を「一切衆生の救済」とするが、それは歴史的にはなかった。ブッダが出家した目的は、極めて個人的な「苦からの解脱」、つまり「自利」であった。比較的古い資料をみると、それは明らかであり、「利他」は視野になかったのである。

そしてブッダは出家し、修行を重ね、三五歳で縁起の理法に目覚め、文字どおり「ブッダ（目覚めた人）」になったが、最初は「自受用法楽《じじゅゆうほうらく》」、つまり自分が悟った法の楽しみに酔いしれ、その楽しみを享受していた。仏伝資料では、そのブッダが説法を決意した経緯を「梵天勧請」で説明するが、ブッダの悟った法が縁起であることを前提に、私は別の理由でこれを説明した。

縁起は、相対立する二つの壁を崩壊させる働きを持つ。最初に生と死の関係が取り崩されたことにより、ブッダは苦から解脱する道を見出した。長年ブッダの頭を悩ました問題を解決したのであるから、最初は自分の発見した法に酔いしれるのも無理はない。しかし、ブッダが目覚めた縁起は生と死の壁につづき、自分と他者との壁も取り壊し始めた。そうなると、自分の問題が自分の問題だけで完結しないことになる。最初は幸せだったブッダも、他者の存在が自らの心に流入してきたことで、心穏やかに時を過ごせなくなってしまった。

自分と他者との壁が壊れてしまった以上、自分の幸せは自分のみでは実現しなくなる。つまり、他者を幸せにすることで自分も幸せになるという新たな生き方が必要になる。こうして、縁起という真理に目覚めて智慧を獲得した人の行動は、おのずと慈悲として展開していく。真の智慧は必ず慈悲として働くようになっているのだ。そう考えれば、ブッダの慈悲（利他）の根拠は智慧（自利）ということになろう。

自利と利他とは個別に存在しえず、必ず「自利即利他」となる。そしてこれが仏教的・理想的利他である。このブッダの生き方にヒントを得て、新たに展開したのが大乗仏教であった。ではつぎに、大乗仏教の利他を考えてみよう。

# 第四章　大乗菩薩の利他

本章では大乗菩薩の利他を扱う。伝統仏教において「菩薩」はブッダの本生《ほんじょう》（前世）を意味する固有名詞だったが、大乗仏教徒は自分たちの理想をブッダに求め、固有名詞の菩薩を普通名詞に変えて、自分たちのアイデンティティとした。ここでは菩薩の願（誓願）と行（修行）を中心に、代受苦《だいじゅく》や回向など、菩薩の利他行を多面的に考察する。菩薩については平岡［2020b］ですでに体系的にまとめたので、それを参考に説明する。

## 大乗仏教で利他が強調される理由

大乗仏教になると、この後で詳しく見るように、利他が強調される。仏教は本来、自らの煩悩を自覚し、その煩悩を修行によって滅尽し、最終的に悟りを開くことを目指す宗教であった。教祖であるブッダの救済性は特別であるにしても、大乗仏教以前の出家者はブッダと同様に、自ら修行に励み、煩悩を滅して悟りを目指したのであるから、必ずしも「利他」は必要ではない。にもかかわらず、大乗仏教になると、なぜこれほどまでに利他が強調されるようになったのか。難しい問題だが、私見を示そう。

一つは仏教の根本思想である縁起説の観点が変わったことが考えられる。第二章で簡単に触れたが、縁起には二つの側面があった。時間的側面と空間的側面である。このうち、伝統仏教では時間的側面の縁起が強調された。この視点から「私の苦」を考えてみよう。過去の自分を縁として現在の自分が生起し、現在の自分を縁として未来の自分が生起するとなれば、そこには他者の存在が介入する余地はなく、その苦は「自業自得」であり、自分で解決するしかない。

しかし、これを空間的側面の縁起から見るとどうなるか。私を縁として他者が生起し、他者を縁として私が生起するとなれば、私の苦は他者との関わりの中で解決できるという視点が開けてくる。それは同時に、私が関わることで他者の苦を何とか解決できるという道も用意される。これを極度に推し進めれば、「代受苦」や「回向」の思想になる。

このように縁起説の観点を時間的側面から空間的側面に変更すれば、自業自得で雁字搦めになっていた苦は、他者の介入により解決可能となる。大乗経典でも成立の早かった経典は般若経典であり、般若経典の中心思想は「空」である。空とは縁起と同義語であり、とくに空間的側面の縁起を言い換えた言葉である。

ではなぜ、大乗仏教になってから、この空間的側面の縁起、すなわち空が脚光を浴びるようになったのか。憶測の域を出ないが、ここでは二つの可能性を考えてみたい。一つは大乗仏教の信仰性、もう一つは大乗仏教の社会性である。では前者から。

教祖ブッダを失い、無仏の世を生きなければならなかった仏教徒は、時代が下るにつれてブッダに対する追慕の情を募らせ、仏教の信仰的側面は強くなっていったと推測できる。加えて、大乗仏教にはヒンドゥー教の影響もあると考えられているが、信仰による救済は、絶対者から人間への何らかの〝働きかけ〟を想定しなければ成り立たなくなる。つまり自業自得では信仰による救済は成り立たないのである。このような理由から、信仰が成り立つ根拠として空思想が表舞台に登場したと考えられる。

もう一つの理由は、大乗仏教の社会性である。大乗教徒は従来とは異なる新たな大乗経典を創造した。今までにない新たな思想を説いた経典だけに、それを弘めるには他者の理解が必要になる。そして他者にそのよさを知ってもらい、その他者がまた別の他者にその経典を弘めてもらう必要があった。

このように、伝統経典とは違い、大乗経典は新参者だけに、その流布にあたっては相当の努力を必要としたことは想像に難くない。出家者はすでに伝統経典を保持しているから、大乗教徒は在家者にも大乗経典のよさをアピールする必要があっただろう。とすれば、大乗仏教は他者を自らの教えに取り込む戦略として社会性を強調せざるをえなくなり、その根拠として空間的縁起である「空」を強調したのかもしれない。

こうして大乗仏教になると、空思想により縁起の空間的側面が強調され、それに基づいて利他の側面も強調されていったのではないか。

### 菩薩とは

では、その利他の主体となる菩薩について整理する。一般に「仏菩薩」と併用されることもあるが、仏と菩薩とは同じではない。また歴史的にみれば、仏がさきに成立し、遅れて菩薩の観念が誕生した。ではいかにして、菩薩という考え方が誕生したのか。まずは菩薩の起源を簡単にまとめてみよう。まずは、その語源から。

菩薩は「菩提薩埵」の省略形であり、原語は「ボーディサットヴァ／ボーディサッタ(Bodhisattva/Bodhisatta)」である。これは「ボーディ」と「サットヴァ」の合成語であり、「ボーディ」とは「悟り／目覚め」を、「サットヴァ」は「衆生《しゅじょう》／有情《うじょう》」を意味するので、全体として「悟りの衆生」、敷衍すれば「悟りを求める衆生／悟りが確定した衆生」の意となる。

では、どのような経緯で菩薩という言葉が誕生したのか。菩薩の起源について定説はまだないが、ここではその一つの説を紹介する。ブッダの死後、ブッダが信仰の対象となると、ブッダ自身あるいはブッダの悟りは神格化され、その結果、ブッダの悟りは今生の六年間の修行だけで成就したのではなく、無数の過去世での修行の積み重ねで可能になったと考えられた。これが「ジャータカ」と呼ばれるブッダの本生（前世）物語であるが、これについてはすでに説明した。

そして多くの本生話が作られ、人や動物に輪廻しながらブッダは布施を中心とするさまざまな行を実践してきたと説かれるようになるが、その一方で本生話創作の過程で「修行の起点」が問題になる。「そもそもこのような修行の出発点をどこに求めるべきか」と。これに答える形で考案されたのが燃灯仏授記《ねんとうぶつじゅき》の話だが、これについてもすでに触れたとおりだ。ともかく、スメーダ（ブッダの本生）が将来の成仏を決意して誓願を立てると、それを聞いた燃灯仏は彼に成仏の予言（記別）を授けた。だから、このエピソードを「燃灯仏授記」という。

仏は嘘をつかないから、燃灯仏が「スメーダは将来、成仏する」と予言すれば、彼は確実に将来成仏するので、まだ仏ではないにしても、成仏の記別を授かった以上、たんなる衆生でもない。こうして、彼は燃灯仏に授記されて以降「菩提を求める衆生／菩提を得ることが確定している衆生」となり、「菩薩」と呼ばれるようになったと平川［1989: 262-274］は推定する。ともかく大乗仏教興起以前で「菩薩」と言えば、それはブッダの本生菩薩であり、それ以外は意味しないので、菩薩は固有名詞だった。

ところが大乗仏教が興起すると、大乗教徒は従来の伝統仏教の「成阿羅漢《じょうあらかん》」に満足せず、「成仏《じょうぶつ》」を目指した。こうして「仏」は固有名詞から普通名詞に変容する。これに呼応し、成仏をめざす者はブッダと同様に菩薩になることが求められるので、菩薩も固有名詞から普通名詞に変容し、「誰でもの菩薩」が誕生する。

そして普通名詞化した菩薩は、つぎの段階で再び固有名詞化される。それが「観音《かんのん》菩薩」をはじめ、信仰の対象ともなる固有名詞を持つ菩薩だ。こうして菩薩は三つに分けて考えなければならなくなった。つまり、最初に誕生した本生菩薩（単一の固有名詞）、それにつづいて誕生した大乗教徒のアイデンティティとしての菩薩だが、ここではこれを「向上菩薩（上に向かって菩提を目指す菩薩）」（普通名詞）と呼ぶ。そして最後に、ブッダの特殊な特性（徳）を擬人化し、ブッダに変わって人々を救済する観音菩薩や地蔵《じぞう》菩薩などが誕生するが、これをここでは「向下菩薩（下に向かって衆生救済を目指す菩薩）」（複数の固有名詞）と呼んで区別する。

さて菩薩はブッダのようになることを目指し、先ず誓願（願）を立てることが求められる。そして誓願を立てたなら、今度はそれを実現させるために修行（行）しなければならない。よって、菩薩は願行を具足することが求められた。願はブッダのようになる誓いであり、前章で見たようにブッダは理想的な利他を行った人なので、理想的な利他を行うことが誓いに含まれている。そして菩薩の修行もブッダと同じことを行うことになるので、その内容は利他となる。では以下、それぞれを説明していこう。

## 四弘誓願

まずは誓願からだが、この誓願も大きく分けて二つに分けられる。一つは総願《そうがん》、もう一つは別願《べつがん》だ。総願とは、菩薩たる者がみな共通して立てる誓願、別願とは菩薩の個性に合わせて個別に立てる誓願を言う。とくに有名なのは阿弥陀仏が法蔵《ほうぞう》菩薩のときに立てた四八の誓願だが、ここでは総願のみを取り上げる。総願で最も有名なのは「四弘誓願」だ。日本でも超宗派的に受け入れられているのではないか。その内容を示せば、以下のとおりである。

衆生無辺誓願度：衆生は無辺なれど、誓って度（＝渡）せんことを願う

煩悩無数誓願断：煩悩は無数なれど、誓って断ぜんことを願う
法門無尽誓願知：法門は無尽なれど、誓って知らんことを願う
仏道無上誓願成：仏道は無上なれど、誓って成ぜんことを願う

細かな表現の違いはあるが、基本的な意味内容に違いはない。第一願は大乗仏教の看板で「利他」の理念が掲げられ、第二願から第四願では、その理念である利他を成就するための自利に関する決意が説かれる。簡潔にして要を得た表現ゆえに、通仏教的な普遍性を持つ。注目すべきは第一願の「渡す」という行為だ。前章で確認したように、伝統仏教で「〔衆生を彼岸に〕渡す」という行為はブッダに固有の宗教的属性だったが、大乗仏教になると、それが菩薩の総願として菩薩一般に開かれた属性となっている。ここにも成仏と菩薩につづき、ブッダに固有の属性を衆生一般に開く大乗仏教の特性がよく表れている。

## 六波羅蜜

つぎに、菩薩の行である六波羅蜜をみていこう。まずはその「波羅蜜《はらみつ》（pāramitā）」の語義から吟味する。これを文法的に解釈すれば、「最上・最高」を意味する「パラマ（parama）」

の女性形が「パーラミー（pāramī）」であり、これに抽象名詞を意味する「ター（-tā）」が付されて「パーラミター（pāramitā）」となるから、「成就・完成・最上」を意味する。英語ではperfection/ completeness/ highest state 等と訳される。ではこれをふまえ、六波羅蜜の内容を簡単に説明する。

①布施《ふせ》波羅蜜：他者に施しをすること。施物については、財施（物質的な物）・法施（法を説くこと）・無畏施（安心感など精神的なもの）等の別がある

②持戒《じかい》波羅蜜：戒（自発的道徳）と律（他律的規則）を保つこと。大乗仏教独自の律はないが、大乗戒はある

③忍辱《にんにく》波羅蜜：侮辱や苦難を耐え忍び、瞋恚・怨恨・悪意の心を起こさず、迫害・侮辱等を忍受すること

④精進《しょうじん》波羅蜜：悟りを開くために、努力すること。これが布施・持戒・忍辱・禅定波羅蜜の基礎となる

⑤禅定《ぜんじょう》波羅蜜：心の動揺や散乱を鎮め、心を集中させて精神を統一し、真理を知見すること

⑥般若《はんにゃ》波羅蜜：般若は智慧を意味する「プラジュニャー／パンニャー（prajñā/paññā）」の音写であるから智慧波羅蜜ともいう。ものの道理を正しく洞察すること。ほかの五波羅蜜の実践により般若波羅蜜を獲得するとも言えるし、ほかの五波羅蜜は般若波羅蜜に基づいてこそ「波羅蜜」となるとも言える

つぎに、この六つの行いを伝統仏教の八正道と比較し、その対応関係を確認すると、その結果は以下のとおり。

①布施：対応なし
②持戒：正思（思惟）・正語（言語活動）・正業（身体行為）・正命（生活）
③忍辱：対応なし
④精進：正精進（努力）
⑤禅定：正定（精神集中）・正念（注意力）
⑥智慧：正見（知見）

持戒・精進・禅定・智慧は八正道に共通する項目があるが、布施と忍辱は八正道にトレースできず、大乗仏教独自の実践道となっている。この二項目は対社会的項目だから、大乗仏教は社会を意識した仏教であることが確認されよう。伝統仏教は個人の宗教という性格が強いが、大乗仏教は「自利即利他」を理想とするので、社会性の強い宗教に変貌しており、それゆえに布施と忍辱とが新たに追加されたのであろう。

## 布施波羅蜜と忍辱波羅蜜

以上の比較から、大乗仏教の利他を考える上で、布施波羅蜜と忍辱波羅蜜が重要であることは察しがつくが、本章ではこれに加え、持戒波羅蜜もあわせて解説しよう。まずは布施波羅蜜から。

出家者に、布施という行は基本的にない。だから伝統仏教の実践項目を網羅的に示した三十七菩提分法の中には、布施およびそれに類する実践は説かれていない。布施はむしろ、在家者が徳を積むための行為だった。たとえば伝統仏教では、在家者向けの説法の中に、生天をもたらす行為として、持戒とともに布施が位置づけられていたことはすでに指摘した。しかし、社会的な性格を有する大乗仏教では、対社会的な項目の布施波羅蜜が先頭に置かれる。

伝統仏教で「布施」と言えば、それは物質的な布施（財施）を意味する。生産活動に携わらなかった出家者は、衣・食・住にわたって在家者の布施に頼らざるを得なかった。では布施されるものは物質的なものに限定されるのかというと、必ずしもそうではない。伝統仏教の経典ではあるが、『雑宝蔵経《ぞうほうぞうきょう》』の中に「無財の七施」が説かれている。つまり、財がなくても布施は可能であると言う。その内容は以下のとおり。

①眼施：優しい眼差しを相手に向けること
②和顔施：笑顔で相手に接すること
③言辞施：相手に優しい言葉を掛けること
④身施：体を使って奉仕活動をすること
⑤心施：相手にたいして心配りや気配りをすること
⑥床座施：相手に席や場所を譲ること
⑦房舎施：自分の家を宿泊場所として提供すること

出家者の布施は法施《ほうせ》や無畏施《むいせ》だったが、布施の解釈をここまで拡げれば、財を持たない出家者もさまざまな布施の実践が可能になる。社会性を意識した大乗仏教の菩薩は、伝統的な出家者の布施である法施や無畏施に拘泥《こうでい》せず、広く布施を実践できた。これに加え、本生菩薩は身体の布施も実践したと説かれるが、その本生菩薩を模範とする向上菩薩が実際にそのような布施を実践していたかどうかは不明である。この無財の七施は、財が無くても行えるため、自分にどのような利他が可能かを考えるうえで非常に参考になる。

最後に、大乗仏教の時代に登場した「三輪清浄《さんりんしょうじょう》の布施」について解説しておく。これは空思想を説く般若経類にみられ、空に基づいて布施を実践するときの理想的なあり方が説かれる。三輪とは施者（布施者）・受者（布施の受者）・施物（施物）を意味し、その三者に執着がないとき、清浄なる布施が成立すると言う。三輪は本来空ゆえに、一切のこだわりを捨て、自然体で布施を実践することが大乗仏教で求められる。この三者のどれか一つが欠けても布施は成立しない。

一般に施者と受者との関係は上下関係、すなわち第一章でみたように、「してあげる／してもらう」関係で理解されるが、そもそも受者がいなければ布施は成立しない。受者が布施の恩恵を被るのは当然だが、受者がいてこそ施者は布施の功徳を積めるのであるから、布施は施者と受者の両方に利のある行為であり、その意味で施者と受者との関係は上下ではなく、対等の関係になる。布施も利他なので、空（縁起）に基づいて、自利即利他であることが理想であるというわけだ。

つぎに忍辱波羅蜜を取り上げよう。なぜ、忍辱波羅蜜は大乗仏教で重視されるに至ったのか。伝統仏教の目標は「成阿羅漢」だが、大乗仏教は菩薩となって「成仏」することを目指す。伝統仏教では教祖ブッダを尊崇するあまり、自分たちをブッダと同一視することなど考えてもみなかったが、大乗教徒はそのタブーを犯し、成仏を目指した。よって、伝統仏教の保守的な出家者たちは大乗仏教の教えを受け入れがたかったに違いない。このような状況から、大乗仏教の教えを広めるにあたっては、伝統仏教側からの相当な迫害があったと予想される。

この当時の様子を反映しているのが〈法華経〉の常不軽菩薩品《じょうふぎょうぼさつほん》だ。これは物語としてドラマティックに描かれているが、実際に当時の大乗教徒（向上菩薩）は大乗仏教の弘通にさいし、相当の困難を経験したと推測される。菩薩として理念を実現させるためには、相当な忍耐力が必要となる。さまざまな艱難辛苦に堪えてこそ自利即利他は実現され、ひいてはそれが成仏につながるのであるから、大乗菩薩にとって忍辱波羅蜜も重要な実践項目となった。

### 持戒波羅蜜

これは文字どおり「戒を持つこと」を意味し、伝統仏教以来、重視されてきた実践項目だから、ここで取り立てて説明する必要はないように見えるかもしれない。しかし、ここでは、その戒の内容が問題になる。つまり大乗教徒が守るべきは、従来の小乗戒ではなく大乗戒であり、日本仏教の利他を考える上でも、この点を抑えておくことが極めて重要になる。では先ずその前提として、十善戒を整理しよう。これ自体は伝統仏教の段階ですでに説かれているが、その内容は以下のとおり。

①不殺生（生物の命を奪わない）
②不偸盗（他人のものを盗まない）
③不邪淫（不倫をしない）
④不妄語（嘘をつかない）
⑤不綺語（無駄なお喋りをしない）
⑥不悪口（人の悪口を言わない）
⑦不両舌（二枚舌を使わない）
⑧不貪（貪りの心を起こさない）
⑨不瞋恚（怒りの心を起こさない）
⑩不邪見（誤った見解を抱かない）

十善業道は「十善」とも呼ばれるが、初期経典では「戒」とはみなされず、十悪業道（十善業道の逆）と並び、道徳の徳目・善悪の基準を示すものとして扱われた。十善に合致すれば善、しなければ悪ということになる。伝統仏教では道徳の徳目・善悪の基準だった十善業道を、大乗教徒は「十善戒」と位置づけ、持戒波羅蜜の内容とした。なお、十善業道の①〜③は身業、④〜⑦は口業、そして⑧〜⑩は意業に関わるので、「身三／口四／意三」とも表現される。

そしてこの十善戒を活用して新たな大乗戒が誕生した。それが三聚浄戒《さんじゅじょうかい》だ。これは、悪を離れること（止悪）、善を実践すること（行善）、そして衆生を利益すること（利他）の三つを指す。三聚浄戒は菩薩戒の一つの帰結と考えられ、中国や日本の大乗戒思想の展開に大きな影響を与えた（沖本［1981: 199］）。とくに中世以降、日本仏教で重要な大乗仏教の戒は円頓戒《えんどんかい》（天台宗や浄土宗に伝わる最高の大乗戒で、その具体的内容は三聚浄戒）であり、この戒がさまざまな利他行を実践するさいの根拠となる。

## 代受苦と回向

大乗仏教の利他の精神を極限まで推し進めると、他者の苦を菩薩が引き取るという代受苦の思想が誕生する。これは自業自得の原則を破るように見えるが、実はそうではないことを第一章「利他の根拠」で確認した。そこで、代受苦の説明に入る前に、簡単にこの点を復習しておこう。

諸行無常に代表されるように、伝統仏教では縁起の時間的側面が強調された。個人を軸に考えれば、昨日の自分を縁として今日の自分が生起し、また今日の自分を縁として明日の自分が生起する。だから、個人が経験する苦楽の原因もすべて過去の自分の諸行に帰せられる。責任の持って行きようがないから、自業自得である。

しかし大乗仏教は空の思想を掲げ、時間的な縁起に加えて、空間的な縁起を強調するようになる。個人を軸に考えれば、他者を縁として自分が生起し、自分を縁として他者が生起する。とすれば、自分（他者）が経験する苦楽も他者（自分）との関係で考える道が開けてくる。つまり、縁起というパイプを通し、自分と他者との間で苦楽の行き来が可能になるのだ。こうして代受苦の思想が誕生した。たとえば『摩訶般若波羅蜜経《まかはんにゃはらみつきょう》』「発趣品《ほっしゅ》」には、つぎのような記述がみられる。

「云何が菩薩、大悲心に入るとするや。若し菩薩、是の如く念ぜん。我れ一一の衆生の為の故に、恒河沙等の劫の如く、地獄の中に懃苦を受け、乃至是の人、仏道を得て涅槃に入らんと。是の如きを名づけて、一切十方の衆生の為に苦を忍ぶと為す」（T. 223, viii

258a13–16）

注釈書『大智度論』は、これを「一一の人の為の故に、無量劫に於て、代わりて地獄の苦を受く（代受地獄苦）」（T. 1509, xxv 414b12–13）と注解し、ここに「代受苦」という表現がみられる。つぎは『華厳経』（六十巻本）の用例である。

「我れ当に一切衆生の為に、一切の刹、一切の地獄の中に於て、一切の苦を受け、終に捨離せざるべし。我れ当に一一の悪道に於て、未来劫を尽くし、諸の衆生に代わりて無量の苦を受けん（代諸衆生受無量苦）。何を以ての故に。我れ寧ろ独り諸の苦を受け、衆生をして諸の楚毒を受けしめざらん。当に我が身を以て一切の悪道の衆生を免贖し、解脱を得せしむべし」（T. 278, ix 489c15–20）

「大悲心を発す。一切の衆生に代わりて一切の苦毒を受くる（代一切衆生受一切苦毒）が故に」（T. 278, ix 634c21–22）

また『請観世音菩薩消伏毒害陀羅尼呪経《しょうかんぜおんぼさつしょうぶくどくがいだらにじゅきょう》』には、「亦た地獄に遊戯し、大悲代わりて苦を受く（大悲代受苦）」（T. 1043, xx 36b17）と表現され、「大悲代受苦」という定型的な表現もできあがる。さらに『大般涅槃経（大乗涅槃経）』には、「諸の衆生の為に生死に処在し、種種の苦を受けても心に退転せず。是を菩薩の不可思議と名づく」（T. 375, xii 804b14-15）とし、代受苦が菩薩の不可思議な特性であることが強調される。伝統仏教でもこれに近いことは説かれていたので、代受苦が大乗仏教独自の思想というわけではないが、その質と量とは伝統仏教のそれとは比較にならない。

では向下菩薩を代表して、地蔵菩薩の代受苦の用例を『延命地蔵菩薩経《えんめいじぞうぼさつきょう》』から紹介しよう。本経は地蔵菩薩の功徳を具体的に説き、内容も平易で、経文も短いので、大いに民間に流布したと考えられている。日本撰述の偽経ではあるが、その精神は大乗仏教の精神である「代受苦」をよく伝えている。

「地蔵菩薩はさまざまな者に姿を変えて衆生を救う」とブッダが説法していると、地蔵菩薩が大地から現れ、錫杖《しゃくじょう》を持ってブッダにこう告げた。「私は毎朝、禅定に入り、地獄に赴いては苦の衆生を救済している。（中略）私は衆生がすべて成仏したら成仏するが、一人でも残っていたら成仏しない」と。これを聞いたブッダはこの誓願を誉め、「罪深い衆生を地獄に堕とさぬように」と告げると、地蔵菩薩はこう答えた。「六道の衆生を救い、もし重苦を受けている衆生がいれば、私が代わってその苦を受けよう。そうでなければ、成仏することはない」と。コメントの必要がないほど、直截的に代受苦が説かれているのがわかる。

他者の苦を他者に代わって自ら引き受ける代受苦と正反対に位置するのが、回向の思想だ。これは自ら積んだ功徳を自分のために使うのではなく、他者のために振り向ける行為であり、これについても第一章で代受苦とあわせて解説した。いかにも大乗的な発想だが、その萌芽的思想は伝統仏教の典籍に確認できるので、それを簡単に紹介しておこう（桜部［1969］）。『餓鬼事』には、前世の悪業の果報として悪趣に堕ち、さまざまな苦に苛まれている餓鬼（亡者）がいかにしてその苦から脱するかが説かれているが、その典型的なパターンを示せば、つぎのようになる。

ある餓鬼女と出逢い、彼女を哀れに思った商人たちが、彼女に衣服や食物の布施をしようとするが、彼女は「それを私に直接与えて下さっても、これは私に何ら恵みを与えません。どうかそれを出家者に布施し、その果報を私に振り向けて下さい。そうすれば私は幸せになるでしょう」と言う。そこで彼らは出家者にそれを布施し、その果報を彼女に振り向けると、即座にその果報が現れ、餓鬼女は美しい衣服を身に着けた。このように、出家者に布施をし、その果報を布施者本人が享受するのではなく、出家者が餓鬼に振り向ける（回向する）ことで、その果報を餓鬼が享受するという（平岡［2016b: 186–189］）。

伝統仏教の回向は出家者という仲介者がなければ成立しないが、大乗仏教では仲介者なく直接行われている点に、大乗独自の回向思想を認めることができる。ともかく、代受苦も回向も大乗仏教の利他を象徴する行為であることを確認しておく。

## 浄仏国土《じょうぶっこくど》思想

ここまでは、菩薩の利他が個人に及ぶことをみてきたが、その対象は個人にかぎられているわけではない。他者が〝複数〟になり、また複数の他者が暮らす〝場所〟までも射程に入ってくれば、それは「浄仏国土思想」として結実するし、また「護国」という思想にも発展していく。先ずは、藤田［2007: 382–399］を参考に、浄仏国土思想からみていこう。

仏教では世間を二種に分けて説くことがある。衆生世間《しゅじょうせけん》（正報：生活世界）と器世間《きせけん》（依報：環境世界）とであるが、浄仏国土思想は主に後者の器世間に関連する。浄土と言えば阿弥陀仏の極楽浄土を想起するが、本来「浄土」は仏が構える国土一般を意味する普通名詞である（「極楽」は固有名詞）。漢字の熟語としては「浄らかな土」と「土を浄める」の二様の読みが可能だが、後者は「〔仏国〕土を浄める」という浄仏国土思想に由来する。

それは大乗の菩薩たちが未来世に仏になるとき、自己の出現すべき国土を清浄化することを意味する。清浄化とは、その国土を形作っている衆生を清浄な道（解脱・涅槃）に入らしめ、仏道を完成させることである。これは大乗菩薩の自利即利他の願行を達成することであり、それによって実現した国土が「浄らかな土」、すなわち「浄土」ということになる。だから、浄仏国土思想は、大乗仏教の菩薩思想を表す代表的な思想形態であると藤田は指摘する。

この浄仏国土思想は有形的に具象化して示すのが基本だが、無形的に「心の問題」として説かれることもある。たとえば『大品般若経《だいぼんはんにゃきょう》』では、浄仏国土とは自己および他者の身口意の三種の麁業を浄めることであると説くし、また『維摩経《ゆいまきょう》』の「若し菩薩、浄土を得んと欲せば、当に其の心を浄むべし。其の心、浄きに随って、則ち仏土浄し」は有名だ。しかし、浄仏国土思想は、結局のところ具象化された有形的な浄土を想定する思想である。大乗仏教においては現在他方仏の思想に立ち、その出現の根拠を他方の仏国土という空間的時限において求める以上、当然のことであると藤田は言う。

では具体的に、器世間として浄土とはどのような場所なのか、その典型例として阿弥陀仏の西方極楽浄土の様子を紹介しよう。阿弥陀仏を説く経典は多いが、その中でもとくに中心的に阿弥陀仏やその浄土である極楽を説くのは〈無量寿経〉〈阿弥陀経〉〈観無量寿経〉の三つであり、古来より浄土三部経と呼ばれている。それぞれ微妙に極楽の描写は異なるが、その内容の主なものを列挙すると、以下のとおり。

・地獄・餓鬼・畜生等が存在しない
・四季がなく、暑くも寒くもない
・七宝の樹木で飾られている
・十方世界でもっとも勝《すぐ》れた音楽がある
・沐浴用の池があり、八功徳水が充満している
・水の深浅および冷暖は思いのままである
・一切の享受物が具わり、百味の飲食が自然にある
・衣服・飲食・華香・瓔珞等は欲するままに顕れる
・鳥たちが法音を出し、それを聞く者は三宝を念ずる
・宝の蓮華からあまねく光が放たれ、多くの仏が現れて法を説く

これらは当時のインド人が考えた理想郷を反映した内容だが、差別や貧困がなく、樹木が生

い茂り、そこで鳥たちが囀り、音楽も奏でられ、衣食住に不自由せず、水に恵まれている様子が描かれている。SDGsにも出てきそうな内容だ。

ただここで注意すべきは、これがたんなる理想郷あるいは終の棲家というのではなく、あくまでこれが修行の場という点だ（修行が終われば、仏となって苦の衆生を救済すべく、極楽を去ることになる）。ただし娑婆世界と違って、極楽に往生すれば難なく悟りが開ける環境が整っている。つまり悟りを内的な個人の努力だけに求めるのではなく、外的な環境整備にも求めている点が、大乗仏教らしい特徴と言えよう。

次章で詳しく取り上げるが、行基《ぎょうき》や空海は、利他行として人（衆生世間）に直接働きかけることはもちろん、土木事業を通じて環境整備（器世間）にも力を入れた。そこだけに注目すれば、仏教とは関係のない活動にも見えるが、浄仏国土思想を視野に入れれば、行基や空海の所行はまさに菩薩行と位置づけることができよう。

## 護国思想

さきほど取り上げた浄仏国土思想は現在他方仏の思想に基づくので、その仏国土はこの娑婆世界以外に設定されるため、そこで生活するためにはこの娑婆世界で死に、かの仏国土に往生することが条件になる。この娑婆世界を否定し、他界浄土を求める思想は大乗になってから現れたと考えがちだが、その萌芽はブッダの時代からあった。初期経典を読めば、在家の生活の煩わしさを強調して世間を否定し、真の幸せである出世間の涅槃を求めることが強調されるが、この世俗の生活を娑婆世界に、そして涅槃を極楽浄土に置き換えれば、この世とは別に理想の場所を求める他方浄土の思想ができあがる。

こうして大乗仏教の初期、阿弥陀仏の西方極楽浄土のみならず、現在他方仏の思想に基づいて、他方にさまざまな浄土が誕生した。だが、他方仏土の思想は理想をこの娑婆世界以外に求めるので、現実無視の謗りは免れない。このような反省あるいは反動から、娑婆世界で成仏したブッダを見直す動きも大乗仏教の中に芽生えた。たとえば、浄土三部経の一つである〈阿弥陀経〉でさえ、その最後でつぎのように説く。

「シャーキャ族の大王たる世尊シャーキャムニは、非常になしがたいことをなした。娑婆世界で無上正等菩提を悟ってから、時代の汚辱・衆生の汚辱・見解の汚辱・寿命の汚辱・煩悩の汚辱（五濁）の中で、一切世間の者たちの信じがたい法を説かれた」（Sukh. 99.15–18）

さらに〈悲華経〉も阿弥陀仏の本願に言及しながら、穢土である娑婆世界で悟りを開き、苦しむ衆生を救済するブッダの大悲を讃歎する大乗経典である。これも、極楽浄土の阿弥陀仏が極度に強調されつつあった時代に、その反動として娑婆世界の教祖ブッダを再評価しようとする動きがあったと推察される。そして、これと連動する形で、他方仏土に理想を求めるのではなく、この娑婆国土を安寧にするという経典が創作された。これが護国に言及する経典群、すなわち〈金光明経《こんこうみょうきょう》〉や〈仁王般若経《にんのうはんにゃきょう》〉などの護国経典だ。つまり、大乗仏教の社会性がこの世界以外に向いたときには浄仏国土の思想となり、この世界に向いたときには護国（鎮護国家）の思想となる。

この護国思想に関連し、この娑婆世界の特徴である「五濁」にも触れておこう。さきほど引用した〈阿弥陀経〉に説かれていた「時代の汚辱（劫濁）・衆生の汚辱（衆生濁）・見解の汚辱（見濁）・寿命の汚辱（命濁）・煩悩の汚辱（煩悩濁）」がそれだ。時代が下って末法《まっぽう》になると、五濁が蔓延するという。その具体的内容は以下のとおり。

①劫濁《こうじょく》：時代が堕落することで、戦乱・争乱・飢饉・疫病など社会悪が増大する

②衆生濁《しゅじょうじょく》：人々の資質が低下し、理解力が劣化する
③見濁《けんじょく》：思想が乱れ、邪悪な思想や見解、あるいは迷信などがはびこる
④命濁《みょうじょく》：人間の寿命が短くなる
⑤煩悩濁《ぼんのうじょく》：貪・瞋・痴の三毒の煩悩などが盛んになる

インド仏教では併記される五濁だが、この五つの関係性を整理したのが中国の智顗だ。智顗は『法華文句《ほっけもんぐ》』の中で「煩悩濁と見濁とが根本となって衆生濁となり、それが連続維持されて命濁を引き起こし、この四濁によって劫濁となる」と解説し、五濁を関連づけて整理する。社会悪（劫濁）も、その根源をたどっていけば、人間の煩悩や邪悪な思想に行き着き、それを無視しては社会を批判できない。社会は個々の人間の集団から成り立っている。

こうして、この娑婆世界を浄化するには、国王が仏教の教えを実践し、正法を以て政治をすれば、国家は安泰となると説かれるようになった。こうなると、仏教の社会性は政治とも深く関与するが、この延長線上にあるのが日蓮《にちれん》であり、また今日の公明党だ。政教分離の是非はともかく、彼らの行動は菩薩の利他行と解することができよう。

## 向下菩薩の利他

では本章の最後に、向下菩薩の利他についてまとめておこう。架空の人物ではあるが、大乗経典には仏と変わらぬ救済力を発揮する観音菩薩等の向下菩薩が多数登場する。その要因については平岡［2020b: 193-196］ですでに私見を述べたので、ここではそれに基づき簡略に提示する。私は向下菩薩誕生の背景に、二つの要因を想定する。一つは偶像崇拝を禁止する伝統から仏像が誕生したこと、もう一つは無仏の世に人々が救済者を希求したこと、である。では最初の要因からみていこう。

古代インドの仏教で偶像崇拝は禁止されていた。仏滅後、サーンチーなどの仏塔にはブッダのジャータカをモチーフにしたレリーフが作られたが、そこでブッダを人間として描くことは禁止されていた。経典は「ブッダの相貌は具体的に表現できない／最後身を捨てて涅槃に入ったブッダの姿形は、もはや何人もこれを見ることはできない」とも説いている。ではどのように表現されたかというと、菩提樹や法輪などで象徴的に描かれたのである。ではどうして、偶像崇拝を禁止していた仏教が仏像の制作に舵を切ったのか。

仏像の起源については、昔からガンダーラかマトゥラーかという議論があるが、マトゥラーでは造型表現は明らかに仏像なのに、銘文では「菩薩像」と記してあることから、「菩薩像」

という名目（言い訳）で伝統的な仏像不表現（理念）と仏像の流行（現実）の妥協を図ったのではないかと高田［1967: 422-424］は指摘する。悟りを開いたブッダの相貌は一切の表現を超えているが、成道前の菩薩の相貌なら具体的な姿形で表現することは可能だと判断したのであろう。まずこの点を押さえて、つぎの要因に進む。

伝統仏教には古来より「一世界一仏論」という奇妙な原則があり、これが頑なに守られてきた。仏の力は偉大なので、同時に二人の仏は必要ないというのがその背景にある。そしてこの娑婆世界につぎの仏が現れるのは、仏滅後五六億七千万年先の弥勒《みろく》仏の出現を待つしかない。その間はブッダの遺骨がブッダの役割を果たすことになるが、現実的には「無仏の世」であり、それを嘆く仏教徒はブッダに代わる救済者を求めた。一世界一仏論の原則を破ることなく、無仏の世に自分を救ってくれる救済者をどう担保するか。

こうして考え出されたのが、現在他方仏だ。世界はこの娑婆世界だけでなく、宇宙に無数に存在すると考えれば、一世界一仏論に抵触することなく、複数の現在仏を認めることができる。つまり、世界観を広げることで、阿弥陀仏などの現在他方仏を救済者として確立したのである。しかし、これでも問題は残る。たとえ世界観を広げて現在他方仏を認めるとしても、この娑婆世界は依然として「無仏の世」である。ここで再び菩薩像の出現に注目してみよう。

この発想を借りれば、向下菩薩が誕生した背景として、一世界一仏論に抵触せずに現実の苦を救ってくれる救済者として菩薩を起用したのではないかという可能性が考えられる。仏像の場合と同じく、「仏はダメだが、菩薩なら大丈夫」という発想だ。無仏の世だが、仏と変わらぬ救済力を発揮する菩薩は複数いても問題はなく、人々は彼らが自分たちの苦を救ってくれると期待した。つまり、向下の菩薩は一世界一仏論に觝触しないように創作された「無仏の世の救済者」であり、それゆえ向下菩薩は「仏の特質を擬人化したもの」と考えられる。「文殊《もんじゅ》は智慧、観音《かんのん》は慈悲の権化」と言われる所以だ。

『地蔵菩薩本願経』ではブッダが「私は煩悩にまみれた悪世で、女性・男性・神・国王など、さまざまな姿をとって罪深き衆生を救ってきたが、今後はこの役割を地蔵菩薩に任せる」と言い、弥勒仏が出現するまでの間、衆生を救うように地蔵菩薩に告げる場面があるが、このブッダの言葉こそ、無仏の世に向下の菩薩が救済者として求められたことを雄弁に物語っている。このような要因を背景に、大乗仏教では仏と変わらず救済力を発揮する向下菩薩が誕生したと考えられるのである。

最後にもう一つ、向下菩薩について付言しておく。本書では菩薩を三種に分けた。本生菩薩は問題ないが、向上菩薩と向下菩薩は重なる場合があるので、補足説明をしておこう。その典型例は比叡山で千日回峰行を行う行者（阿闍梨《あじゃり》）だ。行者本人は向上菩薩として厳しい修行に打ち込むが、その姿は実に神々しく、それを見る人の目には向下菩薩と映るに違いない。このように、両者はまったく別物ではなく、重なることもある。

また、現実の人間を向下菩薩と見なしうる場合もある。たとえば、親鸞《しんらん》は自分の妻を観音菩薩の化身として崇め、また自分の師匠である法然《ほうねん》を勢至《せいし》菩薩の化身として敬っていた。さらに日本の聖徳太子やチベットのダライ・ラマは、観音菩薩の仮現と信じられていた。そう考えると、このような向下の菩薩は架空の菩薩ではなく、たんなる信仰の対象でもなく、この世で実際に活動していると見なせなくもない。

あるいは、幼い子を失った両親が、我が子の死が機縁となって仏道に入り、それによって救われたと実感できれば、そのわが子こそは菩薩にほかならないという思いに達するかもしれない。亡くなった我が子が、かえって両親の救い主にもなる。そう考えれば、多くの菩薩たちがこの世の中の随処で現に働いていることにもなるし、また真摯な求道者としての向上菩薩は、ある人にとってはそのまま救済者としての向下菩薩と完全に一致してくると長尾［2001: 233-234］は指摘する。これは我々自身のものの見方にかかっている。自我を相対化すれば、実は自分の隣にいた人が菩薩だったと気づき、その利他行の恩恵を受け入れることができよう。

# 第五章　仏教徒の利他

前章までは、利他の理念的な側面を中心に論じてきたが、本章ではその利他の理念をふまえ、実際に過去の仏教徒たちがどのような利他行を実践してきたかという実践面を取り上げる。しかし、それは広範に及ぶので、ここでは我々に身近な日本仏教に焦点を絞り、日本の仏教徒の利他を概観してみよう。その中には行基や空海に代表されるように社会事業的な利他もあれば、鎌倉新仏教の祖師たちに代表されるように個人の救済を対象とした利他もあり、多種多様である。

## 行基の利他

まずは、菩薩と呼ばれた行基の利他から始めよう。歴史に名を残した仏教徒は、学問で顕著な業績があったか、またはその行動が際立っていたかのいずれかだ。場合によってはその両方を兼ねることもあるが、行基は行動で後世にその名を残した。行基の著作は一つも残されていないため、学問的な業績は皆無だが、菩薩と称されるに至った理由は、まさにその行動にある。では、行基菩薩の利他行を速水［2004］を参考に整理する。

渡来系の両親を持つ行基は一五歳で出家得度し、二四歳で具足戒を受けると、法興（飛鳥）寺で法相学を学び、山林修行に励んだ。しかし行基は山林修行（自利）に終止符を打ち、打って変わって利他行に専心することになる。その転身の動機は不明だが、平城京遷都の詔が発せられたのを機に多くの役民が造都にかり出され、その過酷な労働状況を目の当たりにしていたことも一因とされる。ともかく、平城京における行基の難民救済活動は朝廷からも糾弾されるほどになっていた。なぜそれが糾弾されるのか。出家者の活動は反体制的な活動を誘発する危険性があり、それを防止するためと考えられてきたが、本郷［2004］は従来とは違った点からこれを説明する。

仏教は国の管理統治のもとに日本に導入された。よって出家者も国の管理の下に置かれ、官僧（国家公務員）として国家（天皇）に奉仕するのが役目となるが、そのために重要となるのが清浄性だ。日本在来の神祇信仰にも由来する日本の伝統的な清浄性の観念は、鎮護国家を担う官僧にも求められた。しかし、行基の活動は社会の最底辺で呻吟《しんぎん》する平民難民である。清浄性（貴）を保持すべき出家者がその対極にある民衆（賤）と接触することで穢れ、清浄性を喪失することを国家は恐れ、行基の活動を非難した。

しかし還俗までには至らず、出家者の身分は保持したが、平城京における清浄性の担保という観点から、活動の拠点を京外あるいは大和国の外に移すことを余儀なくされた。このように、行基は国からの非難や糾弾に遭いながらも、その活動を縮小させることなく、むしろ活性化させ、民衆の支持を得ていく。そして後には国家も行基の活動を無視できなくなり、天平年間以降、国家事業である大仏建立を始め、さまざまな社会事業の要職に行基を登用することになった。

ではまず、平城京における行基の利他行をみていこう。行基が国家から非難された大きな理由は制限を超えた集団托鉢《たくはつ》だったが、その目的は平城京造営で浮浪化した役民・運脚夫を収容し救済するための布施屋を運営するためだった。行基は集団托鉢で得た財物を彼らに施し、それに関連させて罪福の因果（業報思想）を説いた。このように行基は自らの行動を布施だけに終わらせず、そこからさらに一歩進んで、彼らの惨状を仏教の業報思想で説明することにより、彼らを仏教と結縁させたのである。

平城京での活動を通じ、行基は国家政策の行政事務や技術など実務を支えていた下級官人との人脈を構築し、また地方での活動を通じ、畿内の在地豪族の支持者も獲得した。さらに行基の出自は渡来系氏族であることから、多面的な手工業者や在地の技術者集団とのネットワークを築いていたため、これが行基の社会事業を支える要因となる。このような集団を「知識結《ちしきゆい》」（これは仏教行事を推進するために組織された集団を意味し、さまざまな知識結の形態がある）といい、これが社会事業を実施する母胎となった。ではつぎに、若井［2004］によりながら、知識結を率いた行基の主な社会事業についてまとめていく。

『行基菩薩伝』によれば、行基の社会事業は、「僧院三四、尼院一五、橋六、樋六、布施屋九、船息二、池一五、流（溝）七、堀川四、直道一、大井橋一」とまとめられ、夥《おびただ》しい数の事業数が確認されるが、その濫觴《らんしょう》は七二五年、淀川に山崎橋を架けたことに求められる（後に行基はこの橋の両岸に僧院も建立）。そのとき行基は五八歳だったから、亡くなるまでの四半世紀にこれだけの事業を完成させたことになる。

交通・灌漑施設の建設とそれらの施設に対応する院や尼院の建設が行基の社会事業を特徴づけるが、このうち架橋事業は此岸から彼岸への到達という宗教的アナロジーも手伝い、出家者の社会事業として広く行われた。では灌漑施設、とくに溜池事業はいかなる性格を持っていたのか。行基が七三一年に狭山池を造営した翌年、政府も狭山下池を造営しているので、若井はその造営の理由が旱魃《かんばつ》だったと指摘し、行基の活動が国家の利害と一致する側面を持っていたと言う。ほかにも難波での諸活動や淀川の治水事業などは国家の政策と密着して行われ、造都事業の一翼を担う活動を展開したと指摘する。

このような活動からみても、国家は行基の所行を指弾しながらも、彼の人的ネットワークや知識結を引きつける人間的魅力を無視できず、造都事業に関与させ、最後には古代最大の国家プロジェクトである盧遮那大仏の造営に、聖武天皇は行基を勧進職に起用した。その理由は何か。

大仏建立の詔をみると、その大きな特徴は天皇を中心とした知識結によって事業を推進するという造営方法にあったが、皇族・貴族の知識結だけではこの壮大なプロジェクトは完結しない。そこで聖武天皇は行基の広汎なネットワーク（知識結）に着目し、地方豪族や一般庶民を大仏造立の知識結として組織する役割を行基に期待した。残念ながら行基は大仏の完成を見ることなく、その三年前に自寂したが、大仏完成により、今日まで多くの人びとが仏教に結縁してきたことを思うと、他の社会事業も含め、彼の功績はまったく色褪せることがない。

## 空海の利他

平安時代に成立した宗派は最澄《さいちょう》の天台宗と空海《くうかい》の真言宗だが、いずれも大乗仏教の流れを汲むので、両宗とも理念的に利他を強調するのは言うまでもない。ただし、最澄と空海個人の利他の実践の仕方には大きな違いがあった。最澄は一般大衆に直接働きかけて利他を実践するよりも、利他の理念を実現するための「制度設計」に尽力した。一方、空海は綜芸種智院《しゅげいしゅちいん》という学校を創設したり、満濃池《まんのういけ》（香川県仲多度郡）の改修に代表される社会事業を展開したりしたので、一般大衆に直接働きかけて利他を実践した面が目立つ。

このように、同じ大乗仏教の教えを奉ずる二人ではあるが、利他の実践の仕方は極めて対照的だ。ここでは高木［2003］を参考に、空海の利他に絞って紹介する（最澄の利他については、本章の最後で簡単に触れる）。

空海が中国で師事した恵果《けいか》が真言の法を「人々の福を増すもの」と考え、空海がそれを「祉を招く摩尼」ととらえたことは、真言密教がまさしく「福祉」をもたらす教えであるとの認識があったことを示唆していると高木は指摘する。「福祉とは天的かつ人的なあらゆる災害を取り除き、人々の「さいわい」を意のままに招きうるものであるとともに、それがそのまま即一的に無常菩提を啓発する聖者の境位へと至る近道であるというものである。つまり密教とは、人びとをして現実的な世間の成就と出世間の成仏とを速疾に実現せしめる教えなのである」とも言う。

これにしたがえば、密教は世間と出世間とを問わず、また国家の安寧さえも担保する「包括的な福祉の教え」ということになる。そして高木は広範多岐に亘るブッダの教えも、究極は二利円満と四恩抜済に尽きるという。二利円満とは「自利と利他とがともに成就すること」、四恩抜済とは「四恩（父母・国王・衆生・三宝〔仏・法・僧〕＝一切の生きとし生けるもの）を救済すること」を意味する。宗教としての仏教の真骨頂は、深遠な哲理が悲済を根とする〝教薬〟たることにあるから、密教の聖者は孤高を誇る聖者ではなく、大悲による救済者でなければならないと言う。

このように空海は、利他の対象や利他の具体的な内容に拘泥せず、ともかく利他の実践が自利に繋がり、二利円満が完成するので、自らさまざまな利他行を実践し、救済者として活躍した。空海晩年の書『秘蔵宝鑰《ひぞうほうやく》』に「憑《たの》み仰ぐこと他にあらず。ただ国家を鎮押し、黎元（万民）を利済するにあり」とあるように、国家の鎮護と万民の救済こそ、教薬の目指すべき唯一の目的と空海は考えたのである。

また空海は国家を「有情世間（人類の社会）と器世間（自然界）」とを合したものと考えて

いたので、自ずとその働きかけは人のみならず、自然界にも及ぶことになる。ここでは、自然界への働きかけとして満濃池の修築、人への働きかけとして綜芸種智院（世界で初めて教育の機会均等を実現した私学）の創設という、二つの有名な利他行に絞って紹介しよう。

満濃池という溜池の堤は決壊し修築が続けられていたが、池が大きい割に人夫が少なく、完成の見込みがないまま三年が経過した。そこで讃岐国の郡司が朝廷に願書を提出すると太政官符がおり、空海は築池の別当として派遣された。空海は唐で学んだ土木の技術を生かし、集まってきた人々とともに、わずか三ヶ月で大池を完成させてしまう。修築工事の費用は朝廷から空海に寄付された二万銭が充てられ、またその残金で満濃池のほとりに神野寺が造立された（加藤［2012: 57–59］）。

つぎに、人にたいする働きかけを紹介する。空海は日本初の庶民の学校である綜芸種智院を八二八年に開設した。これは、（一）誰もが自由に学びたいものを学べる、（二）専門外のことを幅広く学び、視野の広い人物を養成する、（三）貧しい者や身分の低い者も学べるように完全給費制とする、という三つの特色を持つ。

教育の機会均等や学問の自由、総合教育、そして奨学制度（授業料免除）という特徴は、現代でも充分通用する。また空海は学校経営に必要な四つの条件として、善き処（教育環境）・

善き法（教育内容）・善き師（教育者）・衣食の資（教師と学生の生活保障）をあげている（加藤［2012: 61–63］）。

## 鎌倉時代の仏教徒

ここからは、鎌倉時代の出家者の利他行を概観するが、その前に黒田の研究に基づき、当時の出家者の位置づけを整理する。黒田の中世仏教理解によれば、旧仏教が正統派であり、その正統派の枠内で改革運動を推進した僧侶、またそれとは別に正統派自体に異を唱えた新仏教という異端派がいた。これを図示すると、つぎのとおり（末木［1998: 45］）。

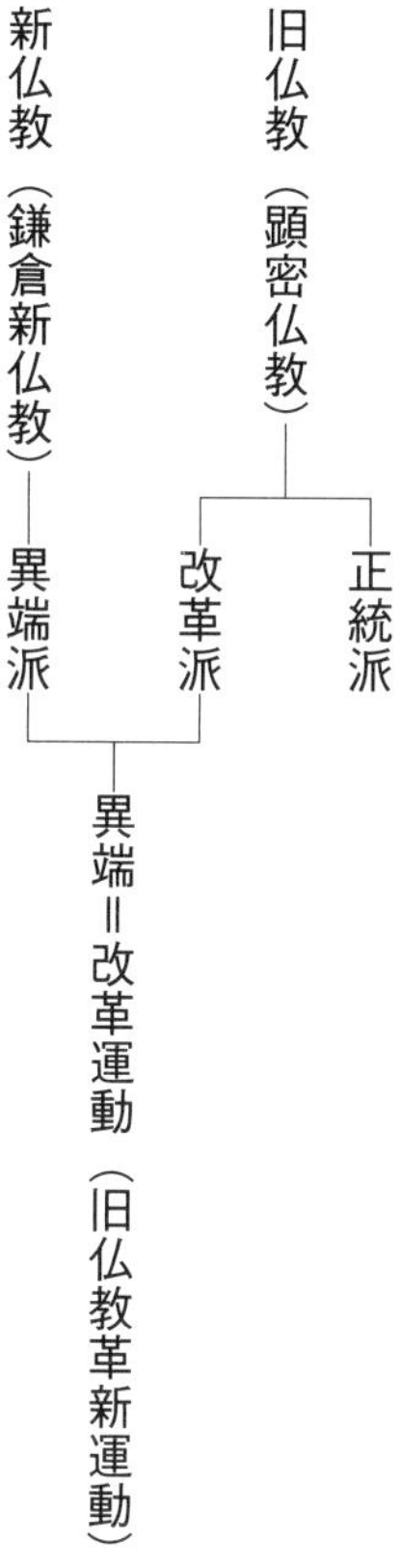

従来の研究は、「旧仏教（正統派＋改革派）vs. 新仏教（異端派）」という対立構造で中世仏教を理解していたが、黒田の研究は「旧仏教守旧派（正統派）vs. 旧仏教革新運動派（改革派＋異端派）」という構図で中世仏教を理解する。

当時の出家者は「官僧」と「遁世僧《とんせそう》」とに大別される。松尾［1995: 20–32］によれば、官僧とは国家公務員的な僧侶で、国家的な祈祷に携わるかわりに、国家からの給付を受けていたので、悩める人々の個人的な救済願望に応えたり、在家信者を組織して、信者からのお布施を期待したりする必要はなかった。つまり、天皇から得度を許可され、国立戒壇で受戒して一人前となり、僧位・僧官をもらって国家的法会に参加するのが官僧である。

一方の遁世僧とは、いったん官僧となったが、官僧集団との対立により、自己のあるべき道を見出し、官僧の世界で自己を磨くとともに、官僧の世界のあり方について不満を持ち、官僧の特権と制約から離脱して、新たな教えを開いた出家者を指す。具体的には、鎌倉新仏教の開祖たちに加え、叡尊《えいそん》や忍性《にんしょう》らも遁世僧だった。

さて「官僧／遁世僧」に関連し、出家者となるための儀式である受戒についても整理しておこう。通常、正規の僧（官僧）になるには『四分律《しぶんりつ》』に説かれる二五〇の具足戒を受持することを、三人の戒師と七人の証明師の前で誓わなければならない。これを「三師七証《さんししちしょう》」といい、戒師という他者にしたがって戒律の受持を誓うから「従他受戒《じゅうたじゅかい》」と呼ばれる。一方、仏・菩薩の面前で自ら誓い、仏・菩薩から直に戒を受持するのを「自誓受戒《しせいじゅかい》」という。破戒が一般化した末世に戒師はいないという認識に立ち、仏・菩薩から直接受戒するのがこの方式であり、東大寺戒壇などで三師七証による従他受戒が行われていた当時、自誓受戒は破天荒な受戒の方式だった。

自誓受戒の具体的な内容は、三聚浄戒である。すなわち、摂律儀戒《しょうりつぎかい》（悪を離れること）と摂善法戒《しょうぜんぼうかい》（善を実践すること）に加え、摂衆生戒《せっしゅじょうかい》（衆生を利益すること）を遵守するところに大乗仏教の利他の精神が現れている。この後に取り上げる叡尊や忍性は、戒律の復興に尽力した。戒律の遵守（自利）と利他行は直接結びつかないようにも思うが、戒律の復興を目指す彼らがさまざまな利他行に専心した理由は、三聚浄戒の中の摂衆生戒の遵守と実践にあった。ともかく、遁世僧は自誓受戒によって三聚浄戒を受持することになるので、官僧に比べて利他行の実践が顕著である。

## 叡尊と忍性

松尾［2004a］を参考に、持戒の聖者と目される叡尊と、その弟子である忍性の利他行についてみていこう。彼らは鎌倉時代に活躍し、真言宗の伝統にしたがって出家したが、戒律の復興運動に尽力し、またハンセン病患者の救済に努めた出家者として有名である。最近の研究によれば、二人は旧仏教（伝統仏教）の改革者というよりは、法然を嚆矢《こうし》とする鎌倉新仏教のもう一つの典型としてとらえ直されつつあることはさきほどみたとおりである。では、叡尊からみていこう（松尾［2004b］）。

叡尊は一七歳のときに東大寺戒壇で出家して官僧となり、醍醐寺所属の密教僧として出家者の人生をスタートさせた。しかし、叡尊は密教僧が魔道に落ちている姿を見て、その理由を破戒に求め、戒律復興運動に目覚める。そこで叡尊は東大寺法華堂の観音菩薩の前で自誓受戒すると、遁世僧として西大寺に止住し、「身命を惜しまず、当寺に止住し、正法を興隆し、有情を利益せん」と、菩薩の決意を表明し、利他行を実践した。

仏教興隆のために自誓受戒を希望した執権の北条時頼の要請に基づき、叡尊は関東へと下向したが、その旅の途中、叡尊は行く先々で授戒をした。たとえば、尾張長母寺では常住僧三三人と在家者一九七人に授戒した。関東に着いてからも、北条時頼はもちろん、鎌倉のハンセン病患者に授戒した。また弟子の忍性や頼玄《らいげん》を遣わし、二カ所の悲田院で食事を与えたり、十善戒の授戒を行ったりした。

晩年は、蒙古退散のために鎮護国家の祈祷を石清水八幡宮で行うなど、遁世僧でありながら密教僧（官僧）としての役割も忘れなかった。なお叡尊の利他行で忘れてはならないのは、宇治橋の修造だ。彼は宇治橋の修造を社会事業で終わらせず、宇治川の網代を撤廃し、漁具を水底に埋め、漁師たちに殺生禁断を実行させた。これによって失職した漁師たちには茶の栽培を勧めたが、それが今日の宇治茶のもとになっているので、彼の利他行は現在の宇治市の産業にまで影響を及ぼしていることになる。

このように、叡尊の活動は極めて多元的に見えるが、その背景には釈迦信仰があったと松尾［2004b: 41–42］は指摘する。つまり、多元的に見える叡尊らの思想と行動は他方仏国土の典型とも言える阿弥陀信仰にたいし、『悲華経《ひけきょう》』の説くように五百大願を立て穢土で救済活動を行って成仏した釈迦への信仰を核に据えることによって統一的に理解できるという。授戒による結縁、ハンセン病患者の救済、鎮護国家の祈祷、そして宇治橋の修造などはすべて、この穢土の具体的な苦悩を具体的に取り除くという釈迦の利他行がモデルになっている。

つぎに、細川［2004］に基づき、その叡尊に師事した忍性の利他行をみていこう。忍性の出家には、彼が一六歳のときに亡くなった母の影響が大きく関わっている。母の愛を一身に集めた忍性の一大事は、母の追善供養だったが、その背景には文殊菩薩にたいする信仰があった。

忍性は叡尊のもとを訪れ、「この春、文殊の画像一幅を額安寺に安置したので、その非人宿の住人に斎戒を授けるとともに、文殊の画像の開眼供養をしてほしい。そのことをもって亡母にたいする報恩謝得という、かねてからの願いを果たしてから、出家をしたい」と申し出た。そこで叡尊は額安寺に赴き、非人四〇〇人に斎戒を授け、また忍性自身も叡尊から具足戒を受け、正式な出家者となった。

忍性の非人救済については、つぎのような逸話が残っている。忍性は重病で歩けなくなったハンセン病患者の非人を明け方に奈良坂まで出向き、自ら背負って奈良の市の乞場に連れて行くと、夕方にはまた背負って奈良坂まで帰したという。忍性は風雨の日も寒暑の日も、この送り迎えを欠かさず実行した。この所行に感激した非人は、自分が生まれ変わったら、忍性に仕え、その徳に報いたいと言った。

このような非人救済活動で特徴的なのは、忍性が彼らを非人として見下し、憐れみを垂れて利他行を実践したのではなく、非人を〝文殊菩薩の化身〟と見なしていた点だ。これは、この後で取り上げるマザーテレサの考え方と酷似する。マザーが貧者に奉仕するのは、彼ら一人ひとりが神の子であり、愛し愛されるために神の同じ愛する手で作られたからだという。決して上から目線で貧しい人に手を差し伸べたのではなかった。

学問では自らを「鈍器」と見なしていた忍性は、学問で他者を利益することはできないと考え、利他という実践面で大いに自分の個性を発揮した。忍性も港湾の修築、道路や橋の建設、仏像の作製、宝篋印塔《ほうきょういんとう》や石灯籠の製作など、物理的・物質的な面での貢献もあるが、彼の利他行の真骨頂はやはり人を対象とした活動だ。さきほど指摘したように、鎌倉では悲田院（都市の路辺に捨てられた病者や孤児の救恤施設）の病者や孤児に食を与え、十善戒を授けている。

とくに忍性が生涯の拠点とした鎌倉の極楽寺に移住してからは、忍性の慈善救済活動には一層の拍車がかかり、極楽寺は都市鎌倉における慈善救済センターの観を呈していた。「極楽寺伽藍古図」を見ると、伽藍の周囲に「療病院・ライ宿・薬湯室・無常院・施薬悲田院・病宿・坂下馬病室」などの施設が描かれている。このうち、坂下馬病室は馬を救う病院だが、ここには人間はもとより牛馬にも利他を実践する忍性の利他の理念がよく現れている。忍性はこの時代に動物病院まで作っていたというから驚きだ。

また、忍性は長谷寺近くの桑谷に桑谷療病所を開き、病者を集めては忍性自ら問診し、二〇年間に治癒した者は四万六八〇〇人、死者は一万四五〇〇人であるから、五人に四人は治癒した計算になる。

では、この叡尊と忍性の利他行はどう評価されるだろうか。ここでは、たんなる利他ではなく、「仏教の利他」という観点から評価を行った前谷［2007］の所論を紹介する。

前谷は忍性の利他行を「何人もなすことのできない偉業」と讃えつつも、つぎのように批判的な評価を下す。その利他行が真の意味での救済（つまり仏教的な意味での利他行）に繋がるには、その利他の対象者が物質的（いやし）のみならず、精神的（めざめ）にも豊かになり満たされなければならないが、叡尊が「めざめ」と「いやし」の両面を満たした救済活動を行おうとしたのにたいし、忍性は「いやし」に偏った救済活動になっていたと前谷は指摘する。

本書ですでに示したように、仏教が説く「利他」の「利」は悟りとつながっていなければならない。でなければ、たんなる慈善事業（ボランティア）となる。授戒を行うにしても、自己の戒律観をしっかりと提示し、また授戒・受戒がいかなる功徳を有するのかを明確に説く必要があるが、この視点が忍性には欠けていたと前谷は指摘し、ここに真言律宗衰退の理由をみる。正鵠を得た厳しい指摘ではあるが、それを差し引いても、日本仏教史の中で忍性が果たした功績は今なお輝きを放っていると言えよう。

## 法然の利他

浄土教の利他を考えるさい、他力の主体である阿弥陀仏の利他を説明するのは難しくないが、その阿弥陀仏の利他を享受する側の衆生の利他を説明するのは簡単ではない。なぜなら、極楽往生の条件は阿弥陀仏の救済力（他力）を信受することであり、衆生が主体的に他者に利他を実践することではないからだ。他者にたいして利他を実践することは〝自力〟とみなされ、むしろ往生を阻害する要因となる可能性がある。

では法然や親鸞は衆生の側の利他をまったく説かなかったのかというと、そうではない。では、法然自身は衆生の側の利他をどう考え、どう実践したのか、また、その法然の教えを受けた弟子たちが継承してきた浄土宗は利他をどう考えるのかについて、整理してみよう。まずは法然の利他から。

法然仏教の勘所は、阿弥陀仏の救済力を信受して、ただ一向に念仏することだから、衆生が他者に利他を実践することは必ずしも必要ではない。しかし、法然仏教も大乗仏教の流れを汲むかぎり、利他を無視しているわけではない。大きな枠組みで言えば、まず念仏を称えて極楽往生し、そこで修行を積んで仏となった後、娑婆世界に戻ってきて、苦の衆生を救済（利他）することになるので、利他を無視してはいない。しかし、これは死後のことである。

では、現世で念仏の教えに出会った者は、死ぬまでの間、どのような生活を送ることになるのか。これについて法然は明確に答えていないが、そのヒントは法然の言葉「現世をすぐべき様は、念仏を申されん様にすぐべし」にある。法然は「念仏を称えることができるかどうか」を、この世で生活する重要な価値基準とする。念仏最優先の生活だ。法然仏教では、念仏以上に価値が置かれるものはない。これにしたがえば、利他的行動をすることが念仏生活を促進するのであれば実践すればいいし、促進しないのであれば、実践しなくてもよい。利他については個人の判断に任されている。

この点を法然の教学的な面から説明しよう。法然仏教の特徴は「選択」の思想にある。法然は末法に最も相応しい実践として最終的に念仏にたどり着いたが、そこに至るには三重の選択を経ている。まずは、その内容を法然の主著『選択集《せんちゃくしゅう》』で確認してみよう。最終章である第一六章では、つぎのように説かれている。

それ速やかに生死を離れんと欲せば、二種の勝法の中には、且《しば》らく聖道門を閣《さしお》いて、選んで浄土門に入れ。浄土門に入らんと欲せば、正雑二行の中には、且らくもろもろの雑行を抛《なげう》ちて、選んで正行に帰すべし。正行を修せんと欲せば、正助二業の中には、なお助業を傍らにし、選んで正定を専らにすべし。正定の業とは、すなわちこれ仏名を称するなり。名を称すれば、必ず生ずることを得。仏の本願に依るが故なり。

まずは中国の浄土教家である道綽《どうしゃく》の教相判釈に基づいて全仏教を「聖道門《しょうどうもん》／浄土門《じょうどもん》」に分類し、自力で悟りを開く聖道門を捨てて他力で往生する浄土門に入ることを勧める。そして浄土門に入ったならば、つぎに「正行《しょうぎょう》／雑行《ぞうぎょう》」という二者択一が待っている。いずれも浄土に往生するための実践だが、正行とは読誦（阿弥陀仏に言及する経典を読誦すること）・観察（阿弥陀仏を観察すること）・礼拝（阿弥陀仏を礼拝すること）・称名（阿弥陀仏の名を口で称えること）・讃歎供養（阿弥陀仏を讃歎し供養すること）の五つをいう。

雑行は阿弥陀仏以外の仏に言及する経典を読んだり、阿弥陀仏以外の仏を観察したり礼拝したりする行をいう。要するに正行は阿弥陀仏と深く関わる行であり、雑行は阿弥陀仏と深く関わらない行と考えておけばよい。

さて、正行を選択したなら、最後の選択は「正定業《しょうじょうごう》 or 助業《じょごう》」である。五種正行のうち、第四番目の称名（阿弥陀仏の名を口で称えること）だけを選べという。こうして一大仏教を三重のふるいにかけ、法然は最終的に称名念仏に辿り着いた。ではその三重のふるいにかけられ、捨て去られたさまざまな行は永遠に捨て去られたままなのか。

三重の選択を説いたさきほどの引用文に注目すると、「且らく聖道門を閣いて」（第一重の選択）、「且らく諸の雑行を抛て」（第二重の選択）と表現されている。「且らく」とは「とりあえず／いったん」の意であるから、永遠に葬り去るのではない。念仏に辿り着くための手段として「しばらく」閣き、「しばらく」抛つだけであるから、念仏に辿り着いた後、いったん閣かれた聖道門や、いったん抛たれた諸の雑行は、〝一定の〟価値を回復する。では〝一定の〟とは、どういう意味か。

法然仏教は「念仏第一」だから、これは絶対に譲れないが、「念仏第一」の生活を助けるためであれば、念仏以外の諸行は「助業」としての価値を獲得する。助業とは念仏の不足を補助するというのではなく、念仏を相続できるように念仏者を助け促すという意味である。

さきほど法然の「現世をすぐべき様は、念仏を申されん様にすぐべし」を紹介した。「念仏第一／念仏最優先」の生活を表明したものだが、この後には「念仏のさまたげになりぬべくは、なになりともよろずをいといすてて、これをとどむべし。いわく、ひじりで申されずば、妻をもうけて申すべし。妻をもうけて申されずば、ひじりにて申すべし」と続く。「念仏の妨げになるものはすべて拒否せよ」という言葉を逆から読めば、「念仏の助けになるものはすべて受容せよ」となる。こうして、利他は念仏の助業として復活するが、法然仏教ではそれが現世で最優先されるわけではない。

ではつぎに、法然自身の利他行を紹介しよう。法然は行基や空海のように、社会事業的な利他行を実践したわけではないが、多くの弟子を育て、また念仏の教えを弘通するという利他行に専心した。ただ法然は、親鸞のように自ら進んで市井に入り、庶民と膝をつき合わせて法を説いたわけではない。法然は当時の伝統仏教（南都六宗＋天台宗・真言宗）およびその伝統仏教と深い関係にあった政治権力と対峙することに時間と労力を取られた。法然が開いた浄土宗は日本で初めて勅許なしに開宗され、また念仏の専修（念仏だけでよい）という考え方は伝統仏教の存在意義を否定するものだったから、何度も強烈な弾圧に晒された。

とくに建永の法難では、法然の門弟四人が死罪に処せられ、法然は土佐に流罪の宣旨が下ったが、そのとき、弟子たちは流罪を撤回するために、法然に「念仏を控えるように」と助言した。しかし、法然は「私はたとえ死罪になっても、念仏を止めるわけにはいかない。四国への流罪はむしろ喜びである。地方の人々に念仏を弘めることができるからだ」と答えている。この念仏弘通の精神とその実践こそ、法然の利他行である。

## 浄土宗の利他

ではその法然の意志を継いだ門弟たちは法然の教えをどう継承し、利他行を実践したのか。

ここでは浄土宗の出家者に焦点を絞り、説明しよう。

浄土宗は念仏往生を説くので、往生に関して出家者と在家者に差はない。エピソードを一つ紹介しよう。法然には阿波介《あわのすけ》という弟子がいた。彼は陰陽師で七人の妻を持つ極悪非道の人間だったが、法然と出会って出家した。あるとき、法然が「私の念仏と阿波介の念仏とどちらが優れているか」と弟子の聖光《しょうこう》に尋ねると、彼は「同じはずがありません（法然の念仏が優れています）」と答えた。すると法然は「おまえは日ごろ、何を学んでいるのか。助けたまえと申す念仏に優劣などあるはずがない」と答えた。よって、極楽往生という宗教的ゴールに関し、出家者・在家者も含め衆生はみな平等となる。だとすれば、浄土宗における出家者の存在意義は何か。これに答えるには、浄土宗の出家儀礼に注目する必要がある。

浄土宗では一人前の僧侶になるための修行を「加行」といい、これを完了すれば一人前の僧侶となるが、その最後で宗脈と戒脈が伝えられるので、加行のことを伝宗伝戒道場《でんしゅうでんかいどうじょう》とも言う。伝宗とは一宗の根本義を伝えること、伝戒とは浄土宗に伝承されている戒、すなわち円頓戒を伝えることだが、この円頓戒の内容こそ、さきほどみた三聚浄戒であり、その中に「摂衆生戒」が含まれている。ということは、浄土宗の在家者はともかく、浄土宗の出家者は菩薩として積極的に利他行を行わなければならない。そうすることを仏前で誓っているからだ。他者にたいして念仏の教えを説き、また念仏の余勢として利他行を実践し、他者の幸せに貢献することを自らの喜びとするという「自利即利他」の大乗精神こそが、浄土宗僧侶の存在意義なのである。

法然に多大な影響を与えた中国唐代の善導《ぜんどう》の書に「自信教人信　難中転更難　大悲転仏化真成報仏恩（自ら信じ人をして信ぜしめることは難事の中でも更にいっそう難事であるが、大悲を以て伝え、普く教化することは、本当の意味で仏の御恩に報いることになる）」という偈文がある。「自信（自ら信じる）」は在家信者の立場として充分だが、出家者はそれに加えて「教人信（人を信じさせる）」という利他行が求められ、その利他行の実践こそが「真の意味で仏の恩に報いる」となる。

真宗から「浄土宗は不徹底」と揶揄されることの一つが、この受戒である。念仏往生や専修念仏を説きながら、受戒しているからだ。だが、この受戒は決して〝往生のため〟ではなく、出家者の〝資質〟に関するものとしてある。だから真宗とは違い、浄土宗の出家者は明確に利他行を「しなければならない」のである。

実際に明治期には、渡辺海旭《わたなべかいぎょく》・椎尾弁匡・颯田本真尼《さったほんしんに》など顕著な利他行の活動をした出家者が浄土宗にいた。徹底した彼岸主義に立つ浄土宗の出家者は、来世での往生を願い、自分の殻に閉じこもって念仏の生活に終始したのではなく、現世で娑婆社会に積極的に分け入り、瞠目すべき利他行に専心したのである。

その最大の理由は知恩から報恩への移行（あるいは諸行の復活）であろう。念仏によって往生極楽の保証を得た者の中には、大いなる喜びを感じ、阿弥陀仏の恩を知った。これが「知恩」である。そして阿弥陀仏の恩を知った者は、その恩に何らかの形で報いたいと感じたはずだ。それが「報恩」だ。その報恩の具体的な形が利他行となって現れたと考えられる。ただし、念仏に帰依した者がみな、知恩から報恩へと移行するわけではない。

ともかく、利他行は在家者には必須でないが、出家者には必須となる。なぜなら、円頓戒（三聚浄戒）を授かっているからだ。ただしそれは、往生の要件ではなく、浄土宗の出家者の資質としてである。それができなければ、出家者であることを放棄すればよい。放棄しても、念仏さえ称えていれば往生は保証されている。

## 親鸞の利他

親鸞仏教は法然仏教以上に阿弥陀仏の他力（利他）が強調され、絶対他力と呼ばれることさえある。ここでも、利他を扱う場合は、阿弥陀仏の利他ではなく、阿弥陀仏に救済される側の衆生の利他を問題にする。法然は娑婆と浄土の厳密な二元論に立ち、徹底した彼岸主義を取るが、その教えを受けた親鸞は、法然ほど厳密な二元論に立たないし、その彼岸主義に徹底してもいない。よって、法然仏教と比較すれば、親鸞仏教は現世での生活に軸足を置く。では、その親鸞がいかなる利他を説いたのかをみていこう。

親鸞は他力を突き詰めた結果、「如来より賜りたる信心」に行き着く。親鸞仏教において人間の善なる性質はすべて否定されるので、信心を起こすことも人間の側の働きではなく、仏からの働き、すなわち阿弥陀仏（如来）より賜ったものと理解される。とすれば、法然と同様に、出家者と在家者の間に区別などない。出家者も在家者も同じ信心を賜っているので、往生に関して両者に違いはないのだ。

さきほど、法然と親鸞の一般庶民にたいする接し方の違いに触れたが、法然と違い、親鸞は市井に入って活動した。建永の法難で親鸞は越後に流されたが、僧籍を失った親鸞は「非僧非俗」を自らの立場とした。四二歳のころ、親鸞は越後から妻子とともに関東に向かい、常陸・下総・下野など関東一円で布教活動を行った。以後、六〇歳で京都に戻るまでの約二〇年間、地方で教化活動に従事した。その活動を特徴づけるのが「同朋《どうぼう》」と「非僧非俗」である。ではまず、同朋から考えてみよう。

法然が自分の念仏と阿波介の念仏を同一視したように、親鸞は「如来より賜りたる信心」を説き、出家者と在家者の区別を撤廃した。だから親鸞と弟子や信者との関係は「師弟」という縦の関係にはなりえず、如来の前では、みな平等という横の関係になる。だから親鸞は『歎異《たんに》抄《しょう》』で「弟子一人も持たずそうろう」と明言し、その理想は「同朋／同行」として実現される。

浄土教では仏と衆生（凡夫）との距離はみな同じであり、師匠が弟子より仏に近いわけもないので、師匠と弟子という人間関係は出家者と在家者にまで敷衍される。こうして、阿弥陀仏と衆生（凡夫）との関係は、出家／在家を問わないので、親鸞は出家者も在家者も阿弥陀仏の前ではすべて同じ「同朋・同行」という等価の存在とみなすが、ここに親鸞の浄土教あるいは真宗の特徴を見出すことができよう。

「同朋・同行」という用例自体に注目した論は数多く発表されているが、阿満［2011: 194-196］はこれを独特な視点から論じている。阿満は親鸞の手紙に注目し、親鸞独自の言葉遣いがあると言う。それは動詞の後ろに「あう（古文：あふ）」という動詞を重ねる語法だ。たとえば「はからう＋あう＝はからいあわせたまう」や「祈る＋あう＝祈りあわす」という表現であり、同様に「死にあいて／まどわかしあうて／御こころにかけあわせたまう」など枚挙に暇がない。

これは「お互いに～しあう」という意味が強められるが、こうした言葉遣いから、手紙を書くさい、親鸞にはいつも信心をともにする仲間（同朋・同行）が意識され、親鸞の周りに信心をともにする仲間たちの輪が存在していたことがわかる。親鸞にとって信心の獲得は、自分一人の出来事で終わらず、それによって「信心海」（『教行信証《きょうぎょうしんしょう》』「信巻」）と形容されるような、広大な世界に生まれることを意味する。そして、「信心海」では信心を共有する仲間とともに仏道を歩むという、新しい出発が用意されていると阿満は指摘する。

その一方で、親鸞は非僧非俗の立場を取る。「非僧」はよいとして、「非俗」にこだわった理由は何か。私はこれを親鸞の僧侶（出家者）としての〝矜持〟と理解する。この問題を考えるには、当時の出家者の様態を知る必要があるだろう。というのも、親鸞の「非俗」はこれと表裏の関係にあるからだ。当時の出家者は外見的には、剃髪して袈裟を着用し、出家者としての威儀や体裁を整えてはいるが、内面的には仏教の教える因果の道理から外れ、占いや祓えに凝り、日の吉凶に左右され、本来の役割を果たしていなかった（阿満［2011: 102-104］）。しかし、これは精神論ではなく、社会構造的な問題にも起因している。日本の仏教は国家仏教として出発し、出家者の基本は官僧だった。

すでに指摘したように、官僧とは国家公務員的な僧侶で、国家的な祈祷に携わるかわりに国家からの給付を受けていたので、庶民の救済という僧本来の役割を果たせるわけがなかった。このような当時の官僧の堕落ぶりにたいし、親鸞には「自分こそ真の出家者（利他行の実践者）なり」という矜持が「非俗」の立場を取らせたのではないか。

佐々木［1956］は、親鸞の非僧非俗について「無戒名字《むかいみょうじ》の比丘（戒律を保たない名前だけの出家者）」の自覚に立ち、僧俗や出家在家を超えた新たな仏教の立場を示し、寺院仏教を脱皮した歴史的意義を持っていると指摘する。仏教では「八不中道《はっぷちゅうどう》」に代表されるように、「不一不異／不生不滅」などは、たんに両極を否定するのではなく、その両極の否定によって「第三の立場（中道／空）」を明示するための表現であるから、親鸞の非僧非俗は「出家／在家」を超えた第三の新たな立場の表明とも理解できる。

これを「半僧半俗」と比較してみよう。弁証法で言えば、「半僧半俗」は正と反の中間を意味し、「どっちつかずの中途半端な状態」でしかないが、「非僧非俗」は正と反とを止揚した合、すなわち、いままでにはなかった〝新たな立場〟を意味する。親鸞は「非僧」で伝統仏教の出家者を批判し、「非俗」で真の仏弟子として生きる決意を表明したと考えられる。

この「同朋」と「非僧非俗」というアンビバレントな緊張関係に親鸞の利他行の特徴を見出すことができよう。

## 真宗の利他

では、その親鸞の教えを継承する真宗は、利他はどうとらえているのか。浄土宗と同様に、真宗でも利他が往生の要件となることはない。とはいえ、真宗も大乗仏教の流れを汲む以上、利他は無視できないはずだ。ある意味で、浄土宗と同じ問題を抱えているのが真宗なのである。

真宗では「還相《げんそう》回向（極楽往生を果たした者が再び穢土に還って衆生を救済すること）」を重視する。これを使えば、利他行はたやすく導けるが、還相回向は死後、極楽に往生してからのことなので、この世で暮らす我々の沙汰するところではない。これも浄土宗と同じだ。竹村［2015: 241］は、「元来、還相は浄土に往生してから以降に初めて使える言葉だから、親鸞の立場の場合、往生即成仏以降に実現することである。ではこの世において、信心が定まった者には、どのような利他行が発揮されてくるのか。しかし真宗ではこの世での利他行は言わないようであり、これが真宗の大きな課題だ」（要約）と指摘する。

ここではボランティア活動を例に、真宗の利他を考えてみよう。真宗では「ボランティア活動は聖道門の慈悲だから謹むべきだ／真宗はただ念仏だから、ボランティアによる支援活動は非真宗的だ」など、「親鸞の教えに反するから」という理由で、ブレーキがかかることがあるようだが、これに異を唱えるのが木越［2016］だ。

その要点は「罪福信《ざいふくしん》」と「宿業」の二つだが、まずは罪福信から説明しよう。これは「罪と福とを信じる」というのであるから、「善因楽果・悪因苦果」を信じて仏道修行をする、一見すれば普通の見解だが、『歎異抄』はそれを否定する。なぜなら、罪福信の者は、結局は仏の教えではなく、自らの利害・恣意に基づいて念仏し、仏の真実を実は理解していないからだという。これを「自力の念仏」と言う。本願に甘えて（本願ぼこり）悪を行うこと（造悪無碍《ぞうあくむげ》）こそが往生浄土の正因と考えるのも問題だが、造悪無碍の者を知ったかぶって批判する者（後世者《ごせしゃ》ぶる者）も親鸞は否定する。「ボランティア活動は聖道門の慈悲だから謹むべきだ云々」と主張する者は、まさにこの「後世者ぶる者」に相当する。

つぎに宿業の問題。いかなる人間もすべて過去の業（宿業）に支配されているので、しかるべき業縁が催せば、人間は頭の理解とは別に体が反応し、思いがけない行動をとる（『歎異抄』）。したがって、理性ではわかっていても悪を犯してしまうし、逆に困っている人を見れば、頭の判断とは別に体がさきに動き、結果としてボランティア活動に身を投じる者もいる。これを木越は「情動」と呼び、このような情動はまさに宿業のなせる業であるから、浄土教的（あるいは親鸞的）人間観に立てば、その活動を「自力の慈悲だ」と指弾することは、まさに「後世者ぶる者」と呼ばれる。

ただし木越は「だから積極的にボランティア活動を推進すべきだ」とも言わない。弥陀の本願に帰依するのがすべてであり、あとはみな「業報」にまかせるというのが木越の立場。ボランティア活動を「する／しない」は本人の宿業次第ということになる。問題は、教えを行動規範とし、ボランティア活動を「しなければならない／してはいけない」と判断を下すことである。木越は清沢満之《きよざわまんし》の「天命に安んじて人事を尽くす」を引用するが、まさに天命に安んじた（＝安心を獲得した）後の人事の尽くし方は、宿業に応じて人それぞれということになる（平岡［2019b: 186–189］）。

以上は、出家者・在家者に関係のない、真宗の基本的立場を説明したものであるが、では真宗における出家者の存在意義はなにか。浄土宗のように、伝戒（三聚浄戒の受戒）に基づく出家者の利他行は必須ではない真宗において利他行をどう位置づけるのかは大きな課題だ。親鸞の非僧非俗の再解釈が新たな道を拓くのかもしれない。

## 栄西の利他

つづいて、禅宗の利他行をみていこう。来世を希求する浄土教にたいし、現世での坐禅を重視する禅宗はいかなる利他を説くのか。まずは臨済宗の開祖である栄西《えいさい》の利他から始めよう。

栄西の主著は『興禅護国論《こうぜんごこくろん》』だ。その題名「禅を興して国を護る」からわかるように、彼の利他は政治と結びついた護国思想にあるが、護国のためには正法がこの世に久しく留まらなければならないと栄西は考えた。では、正法をこの世に久しく留めるためには何が必要かというと、坐禅はもちろん、戒律の遵守が欠かせないと栄西は主張する。栄西が『興禅護国論』を著したのも、戒と禅とによって堕落した比叡山の仏教を再興しようとするのが目的であり、ひいてはそれが正法久住につながると考えた。

『興禅護国論』第一章では『摩訶僧祇律《まかそうぎりつ》』や『大般若経《だいはんにゃきょう》』を引用し、栄西自身の見解として、「以上は、戒律を守り重んじる禅の教えによって、〔仏〕法が〔世に〕久しく留まることを明らかにしたものである」と言う。また第三章では、「なぜ禅宗は新たに正しい仏法を世に久しく住せしめる教えであると称えるのか」という問いにたいし、「戒律は正しい仏法を〔世に〕久しく留める教えである。今、この禅宗は戒律をもって教えの本源とする。ゆえに〔禅宗が〕正しい仏法を〔世に〕久しく留めるという大義を立てるというにすぎない」と答える。

正法が久住すれば、それは国家を安泰させることになるので、禅宗は鎮護国家のためには必要であるというのが栄西の主張である。つぎにこの点を確認してみよう。この記述は第二章と

第三章に集中している。第二章では、「寺院の敷地内に持戒の人がいれば、諸天はその国を守護する」と持戒の功徳を護国と結びつけて指摘した後、「禅宗が鎮護国家の教えであることは明らかである」、また「私もまた禅の教えを広く伝えたいと願うのは、ただかつての仏祖の尊い行願にならおうとするものである。よって、ここに国家を鎮護する門を立てたのだ」と言う。

こういうわけで、逆にその禅宗の弘通を妨げることは亡国につながるとして、栄西は第三章で「あなたのように、〔禅宗の弘通を〕妨げることは、まさに仏法を破壊し、国を滅亡させる原因となる」と警告し、また同じく第三章で「禅定の力に依らなければ、一切の悪を破ることは困難である。ゆえに、禅宗をもって鎮護国家に肝要〔の教え〕とするのみである」と壮語する。

栄西の関心事は戒律の復興や護国思想にあったので、その働きかけは自ずと出家者や為政者に向かい、市井の多くの人々に利他の働きかけを積極的にしたわけではなかった。つまり、栄西の利他行は政治体制の変革に向けられたのである。しかし、その栄西にも、庶民に向けられた印象的な利他のエピソードが残っているので紹介しよう。これは道元の弟子である懐奘《えじょう》が著した『正法眼蔵随聞記《しょうぼうげんぞうずいもんき》』（三・二）に残されている話で、道元が語った栄西の話を懐奘が書き残したものである。

栄西が京都の建仁寺にいたとき、一人の貧者がやってきて家族の悲惨な状況を訴え、栄西に助けを求めた。しかし、建仁寺にはしかるべき資糧がなかったが、ちょうどそのとき、薬師如来の像を作るために、その後背用の銅があったので、それを与えると、貧者は喜んで帰って行った。後でそれを知った弟子たちはそれを非難し、「仏のために使うものを俗人に与えられたのは、私用の罪になるのではないですか」と尋ねた。これにたいし、栄西はこう答えた。

「まことにその通りだ。しかし、み仏のお心を考えてみると、み仏は身も肉も手足をさいても、衆生に施されるだろう。目の前の飢え死にしそうになっている人々には、たとえ仏像の全体を与えても、み仏のお心にかなうだろう。また私自身はこの罪により、たとえ地獄に堕ちようとも、ただ生ある者の飢えを救うべきである」

『興禅護国論』自体は護国に基づく利他を説くが、その一方で栄西自身は一人の出家者（菩薩）として、貧困に喘ぐ個人に代受苦ともいえる利他を実践している。

## 道元の利他

禅宗の場合、浄土教と違って、出家者と在家者の位置づけは異なる。ブッダ以来の禅の伝統を「正伝の仏法（正統的に伝わった仏法」と位置づける道元仏教において、師資相承は重要な意味を持つ。出家者同士でも師匠と弟子で厳密な区別があるから、出家者と在家者については言うまでもない。では道元仏教において、出家者と在家者はどのような関係にあり、また出家者は在家者にどのような利他を実践することになるのかを、平岡［2022a 70-72］に基づき、整理してみよう。

道元の利他を語る上で対照的な用語が二つある。それは「弘法救生《ぐほうくしょう》」と「一箇半箇《いっこはんこ》の接得《せっとく》」だ。前者は「法を弘め、衆生を救う」を意味するので、一人でも多くの衆生を救済するという大乗仏教の精神に基づく。これは『弁道話《べんどうわ》』にみられ、中国から日本に戻ったときの道元の教化の決意を表明したものだが、中国で研鑽を積んだ道元が新たな仏教弘通に燃えている姿を想像することができる。

一方「一箇半箇の接得」は、一般には「たとえ一人でもよいから、勝れた弟子を育てること」を意味するので、両者は矛盾する。これに関して、高崎は「京都を離れ、永平寺に入山したことを境に、道元の布教に変化がみられ、普勧（普く坐禅を勧める）的方向（弘法救生）から、専門家の養成（一箇半箇の接得）に変化したことはほぼ事実として認めざるを得ない（要約）」（高崎・梅原［1969: 66］）と述べ、「この態度は「弘法救生」という点では後退であり、在家主義の放棄である」（要約）と結論づける。和辻［2011: 57–58］も『随聞記』の「衆の少なきを憂うること勿れ」を引用し、帰依者の量よりも質が大事であるとするところに道元の布教の特徴をみようとする。

では、道元の教化（布教）の態度は時間の経過とともに変化したのか。これに関して、従来の定説を覆す研究が西澤［2016］によって発表された。紙面の都合上、その結論のみを簡単に紹介しよう。

西澤はその冒頭で当該の「一箇半箇」が表れる文脈を精査した結果、この言葉の意味は直接的には「わずかな」を意味するものの、その文言を用いた文章の意図は「一箇半箇までも漏らさず接得する」、つまり「すべての人を接得する」という意味になり、教化の対象は限定されることなく、万人に開かれていることを明らかにした。これは、従来の解釈とは正反対の態度であり、そう解釈すれば、「弘法救生」と「一箇半箇の接得」とは矛盾しないばかりか、いずれも大乗仏教の利他の精神を違った側面から表現していることになる。

この所論に基づき、西澤は「結界」についても新たな解釈を展開する。結界にはさまざまな意味があるが、「聖と俗との境界」というのが一般的な理解だ。寺院への出入りに制限を設ける結界があれば、教化の対象は限定されるので、道元が結界を批判する『正法眼蔵』「礼拝得髄《らいはいとくずい》」の撰述意図は、法会が出家在家や男女にかぎらず、すべての人に開かれるべきことを門下（出家・在家）に徹底させることにあったと西澤は推論する。

また出家者は戒を持ち、修行をすることで結界の象徴となるべきであり、仏の世界と衆生の世界を出家者が法会によって結ぶことが道元の考える結界だったと論じる。

さらに、出家者と在家の関係を理解する上で、道元の神祇信仰にたいする態度が重要だと西澤は言う。日本中世社会の思潮だった冥界と顕界の関係から、諸仏・諸神と衆生とを媒介する役割を出家者が担い、そのために出家者は真の福田《ふくでん》として施主のために尽力すべきというのが道元の態度なのである。在家者は世俗的利益を仏教に期待する一方、出家者は衆生済度や悟りを志す。

このような特徴から道元における出家者と在家者との関係を考えると、出家者と在家者とで目指すべき目標は異なり、また出家者は仏（悟りの世界）と衆生（迷いの世界）とをつなぐ中間的な存在として位置づけられ、在家者にはない持戒や修行など、福田としての徳が求められていたことがわかる。これはインド仏教以来の伝統的な出家者と在家者との関係を継承している。

それはともかく、只管打坐《しかんたざ》を特徴とする道元仏教もただ坐禅に専念していたのではなく、その坐禅は結果的に「弘法救生／一箇半箇の接得」につながるものだった。しかし、道元自身が在家者にたいして何か具体的な利他行を実践したという話は、現存の資料では確認できない。

## 日蓮の利他

日蓮には多くの手紙が残されており、それを見れば一人ひとりの信者にこまめに対応することで利他行を実践したと推察される。しかし、日蓮の利他の特徴は政治体制に働きかけ、この娑婆世界に浄土の建立を試みた鎮護国家思想に求められる。彼の主著『立正安国論《りっしょうあんこくろん》』の題名が如実に示すごとく、正法を確立することで国家を安穏ならしめようとした。ではその思想をみていこう。

法然と同様に、日蓮仏教を考える上では、末法という時代背景は無視できない。末法だからこそ、念仏往生でこの娑婆世界を厭い離れ、浄土往生を目指した法然にたいし、日蓮は末法という世の乱れが、法然の念仏によって正法たる『法華経』が蔑ろにされていることに求め、国家が念仏を停止して『法華経』（正法）を重視すれば、国家は安泰になると考え、実質的な権力者である北条時頼に自分の考えを提案したのが『立正安国論』だ。

この場合の国家は、たんに天皇や支配機構の頂点にある権力者を指すのではなく、環境としての国土と、そこに住む人民を中心概念とするものだった。そのため、日蓮のいう「安国」は天皇や既存の政治体制の安泰という意味を越え、すべての民衆の平和な生活というイメージを中心的意味として持つことになった。では『立正安国論』の要点を説明しよう。

末法という仏教的下降史観と軌を一にするように、当時の日本は天変地異や飢饉・疫病に見舞われた。そこで日蓮はその原因を「世の人々が皆、正しい教えに背き、人々はことごとく悪法に帰依した。そのために、善神は国を捨てて立ち去り、聖人も去って還ってこない。このために、悪魔がやって来たり、悪鬼がやって来たりして、災いが起こり、厄難が起こるのだ」と説明する。

これを図式化すると、「正法背棄→悪法帰依→善神捨国→聖人辞所→悪魔跳梁→災害続出」となる。国主（時の権力者）が正法である『法華経』を尊重し、それに基づいて政治をしなければ、災難が続き、最終的に天変地異に至るというのが日蓮の主張なのである（佐々木[2014: 168]）。そこで日蓮はこの異常な状態を正常化するにあたり、その段階を二つに分けて説明する。

第一段階は、マイナスの状態をゼロに戻すこと、そして第二段階はゼロからプラスの状態に引き上げることだ。当時はすでに念仏の流行によって災難が続き、マイナスの状態にあったわけであるから、まずはこの状態をゼロに戻す必要があると日蓮は考えた。そのための方策として、国主は邪法である専修念仏を禁止すべきだと主張したのである。それが実現されれば、つぎはゼロからプラスへの段階に入る。そこで日蓮は国主にたいし、つぎのように進言した。

「あなたはすぐに邪な信仰を改め、直ちに実乗の一善（『法華経』）に帰依せよ。そうすれば、三界（この世界）はそのまま仏の国となる。仏の国は決して衰えない。十方（の世界）はすべて浄土となる。浄土は決して破壊されない。国が衰えることなく、世界が破壊されなければ、身は安全であり、心は平穏である」

こうして正法たる『法華経』に基づいて政治をすれば、この世はそのまま仏国土たる浄土に変容するという。そしてその責任を負っているのが国主ということになるが、では日蓮は国主をどう考えていたのか。『立正安国論』に先立って著された『守護国家論《しゅごこっかろん》』の記述によれば、ブッダが仏法の保護と伝道を国主に依託したのであるから、悪法の禁断や正法の宣揚もまずは国主によってなされるべきであると日蓮は繰り返す。日蓮によれば、国主は仏法に基づく政治を最優先させる義務があり、それを怠れば、その国土には天変地異が続出し、国主はその地位を失って地獄に堕ちるとされた。このように、日蓮の利他は政治体制からの働きかけを重視するので、トップダウン的と言えよう。

しかしこの諫言は黙殺され、この後も日蓮は国家に何度か諫暁《かんぎょう》（信仰の誤りをただすこと）を申し入れたが、これも受け入れられなかった。日蓮仏教の特徴を考えると、理想を実現させるには政治権力との結びつきが不可欠だったから、当初、日蓮は体制志向者だったが、逆に体制側から度重なる法難を受けるにともない、次第に反体制者へと態度を変容させていった。

## 日蓮仏教の継承と政治

政治と宗教（仏教）の関係は、インドでは問題にならなかった。アショーカ王が篤く仏教を敬ったことはたしかだが、宗教を政治利用することはなかった。しかし、中国仏教では両者の関係が問題になる。東晋有代の廬山の慧遠《えおん》が著した『沙門不敬王者論《しゃもんふけいおうじゃろん》』がそれを如実に物語る。時の権力者だった桓玄が仏教にたいし、沙門（仏教の出家者）も王者（政治の最高指導者）に敬礼するように命じたが、慧遠は沙門が王者に敬礼する必要はないと論じた。これにより、政治と宗教とは一定の距離を保ち、宗教はその独立性を担保したが、南北朝になると、この議論が再燃して仏法は王法にたいして劣勢に回り、北宋の時代を迎えると、仏法は王法に従属することになったと言われている。

日本では伝来当初より、仏教は政治主導で輸入されたので、政治と独立しては存在しえなかった。そのような状況下、かろうじて打ち出したのが「王法仏法相依論」だ。「王法（政治）と仏法（宗教）は車の両輪のごとく、相互に補完し合う関係にある」として、王法と同等の権利を主張した。

ただし、日蓮仏教は政治と深く関与するが、仏法が王法に従属したり、また同等と位置づけたりしたのではなく、日蓮は、仏法の王法にたいする絶対的な優位を説いた。しかし仏法の優位を説くとはいえ、日蓮が理想とする安国の実現には王法の存在が不可欠であり、この「政治の関与」という点に日蓮の仏教の特徴を認めることができる。

ともかく、日蓮の仏教は政治との結びつきが顕著であるから、近代以降、日蓮の信奉者は政治と関わる活動を展開した。たとえば、国柱会（在家日蓮主義教団）を創立した田中智学《ちがく》は皇国史観と日蓮信仰を結びつけ、『法華経』と国体との一致（王法と仏法との冥合）を主張し、大日本帝国の力で『法華経』による世界統一を果たそうとする野望を持っていた。また満州国建設を指揮した軍人の石原莞爾《かんじ》は田中智学の影響を強く受け、太平洋戦争を日蓮が予言した世界統一のための戦争と位置づけ、侵略のイデオロギーの一翼を担った。

戦後になると、日蓮正宗と密接な関係にあった創価学会（最初の名前は「創価教育学会」）が政界に進出する。牧口常三郎《つねさぶろう》の後を承けて第二代会長に就任した戸田城聖《じょうせい》は、国立戒壇の建設を目指し、衆議院で過半数を占めることで、日蓮正宗を国教にすることを議決するために創価学会を政界に進出させたが、独自の政党を結成することは否定していた。

しかし、戸田を承けて第三代会長に就任した池田大作は組織を拡大させ、巨大教団への道を歩むべく、一九六一年に公明政治連盟を作り、一九六四年に王仏冥合・仏法民主主義を基本理念として公明党を結成し、独自の政党が誕生した（島田［2007: 121–143］）。とくに近代以降、現在に至るまで、日蓮主義が政治と密接な関係にあるのは、その根本である日蓮の思想自体によるのは明らかだ。政教分離の是非はともかく、政治によって利他を実践しようというのが日蓮仏教の基本的立場なのである。

## 多元的な利他

本章では、奈良時代に活躍した行基から始め、鎌倉新仏教の祖師までの利他行を概観してきたが、利他行と一口に言っても、じつに多種多様な利他行があることがわかった。そこで本章を閉じるにあたり、仏教的な観点からこれらの利他行をまとめておく。

最初に確認すべきは、仏教が説く利他の「利」は最終的に「悟り」に結びついていなければならないという点だ。いくら素晴らしい利他行でも、それが悟りと無関係では、仏教的には「利他」として意味がない。ではこれを前提として、つぎに進もう。

多種多様な利他を、ここではまず便宜的に「直接／間接」という二分法で整理してみよう。直接的な利他は「説法による癒し」がまず挙げられる。鎌倉新仏教の祖師たちに代表されるように、自ら体得した喜びの経験を言葉によって他者に説き示し、他者の人生における苦や不安を除去するという利他だ。祖師たちの言葉に触れた弟子たちや信者たちは、師匠の言葉を介して生きる希望を獲得した。この説法は当然、最終的に悟りとつながっているので、これが利他の最も典型的な形と言えよう。

これにつぐ直接的な利他は授戒だ。祖師たちの説法はそれぞれに個別的だが、在家者にたいする授戒は基本的に宗派を問わず、通仏教的に行うことができる。叡尊と忍性に象徴されるように、一般庶民は授戒を通して仏教と結縁し、何らかの癒しを得たに違いない。前谷［2010］が指摘するように、忍性の授戒は不十分であり、授戒の功徳などをしっかり伝えられていなかった点で、「いやし」はもたらしたが「めざめ」はもたらさなかったかもしれない。だが、少なくとも、授戒したということは仏教と結縁したという意味で意味のある利他行だったと私は考える。

受戒に関して、興味深い例を一つ紹介しよう。当時、鎖国していたチベット（西蔵）に単身で入国し、日本にチベット大蔵経をもたらしたことで有名な河口慧海《かわぐちえかい》の話である。入蔵にさいし、友人から何か餞別をしたいと申し出られた河口は「受戒という餞別」を要求した。たとえば、網打ちの名人だった友人には網を焼いて不殺生戒を餞別にしてもらった。猟師の友人からも同様に不殺生戒の餞別を受け取った。この受戒で興味深いのは、その不殺生の受戒の功徳が、受戒者本人のみならず、河口にも利益をもたらしている点である（これは、すでにみた「回向」の思想にも通じる）。河口［1978: 30］は自らのチベット旅行を後に振り返り、こう述懐する。

〔彼らの受戒の〕功徳は、正しく私がヒマラヤ山中及びチベット高原においてしばしば死ぬような困難を救うたところの最大原因となったのではあるまいかと私は常に思うて居ったです。仏の護りは申すまでもない事ながらこの信実なる餞別が私のためにどれだけ益をしたか分からぬと思っていつも諸氏の厚い信心を感謝しました。

以上は仏教の利他行として充分に意味のある行為と言えるが、では間接的な利他行、すなわち、行基や空海に代表される架橋や灌漑事業などの環境整備的な社会事業はどう位置づけられるだろうか。

もともとインドの仏教は個人の宗教として出発したが、時代が下ると大乗仏教を生みだし、社会性を強く意識した仏教に脱皮した。自分一人が彼岸に至るのではなく、他者を彼岸に導くことが自らの悟りに資するとして利他を重視する点にその特徴が認められるが、その利他は他者個人にたいしてのみ働きかけるのではなく、環境整備も視野に入っていた。それを象徴するのが阿弥陀仏の四十八願だ。浄仏国土思想に基づく阿弥陀仏の誓願（本願）の内容は、本書で見たとおり、七宝の樹木で飾られ、沐浴用の池があり、八功徳水が充満し、衣食住に満ち足りた場所の建立だった。そして浄仏国土思想をこの娑婆国土に導入すれば、護国思想にもつながってくることはすでに確認したとおりである。

とすれば、本章で確認した行基や空海の社会事業は「悟りのための環境整備」という意味で、間接的ではあるが、仏教的利他の意味を持つ。そこまで彼らが意識し、またその事業を悟りと関連させて説明したかどうかは不明だが、少なくともその事業がたんなる社会事業ではなく、「自利としての菩薩行」であると同様に、それが利他として「民衆の悟り」に資すると考えての事業だったのではないか。とすれば、このような社会事業も、仏教が目指す利他の一側面と考えることができる。

本章では詳しく取り上げなかったが、その意味では最澄の大乗戒壇設立も利他行に含めて考えることができる。それまでは小乗仏教の戒律を授ける戒壇しかなかった当時、最澄は大乗戒(円頓戒＝三聚浄戒)を授ける戒壇の必要性を朝廷に訴えた。しかし、南都の僧綱《そうごう》の強い反発に遭い、最澄はその実現をみることなくこの世を去る。大乗戒壇設立の勅許が下されたのは、最澄の死後、一週間たってからだった。これにより、大乗仏教独自の戒壇が成立したのである。

最澄自身は市井に入り、その教えを積極的に説いたわけではなく、山林修行に終始したから、利他に関しては影の薄い仏教者になってしまうが、最澄は大乗戒壇設立という日本の大乗仏教の出家者輩出の制度設計に尽力し、それは結果として鎌倉新仏教を生みだす母胎となった。よって、この最澄の功績も利他を考える上で忘れるべきではない。

大学組織の部署でこれを考えてみよう。学生課や教務課は学生と直接接点を持つ。学生課は学生に寄り添い優しく指導するのにたいし、教務課は基本的に厳しく学生を指導するというスタンスを取る。学生によって優しさと厳しさはともに必要であり、その意味で、学生課と教務課とは利他の直接的な担い手となる。しかし、大学は学生課や教務課だけでは機能しない。

直接学生と関わる部署ではないが、環境整備や制度設計を担当する総務課の存在も忘れてはならない。また大学の学生生活の充実と教育の質向上に関して大学全体の方向性やビジョン作成を担当する学長室（あるいは企画課）も必要だ。他にもあるが、ともかく学生への利他は多元的であり、さまざまな部署が必要であるのと同じように、仏教の利他においても、他者を悟りに導くには、さまざまな側面からの働きかけが必要なのである。

# 第六章　キリスト教徒の利他

本章では仏教を少し離れ、キリスト教徒の利他について考えてみよう。どの宗教も利他を説くが、仏教と同じく世界宗教のキリスト教は「愛の宗教」であり、神にたいする愛はもちろん、隣人にたいする愛を説く。実際にキリスト教徒の中には、ここで取り上げるように、自らの命を顧みず利他を実践した人が少なくない。仏教とキリスト教では利他に違いがあるのか、あるいは共通点がみつかるのか。両者の利他を比較することで、この点を確認してみたい。

## イエスの生涯

キリスト教徒の具体的な利他に入る前に、まずはイエス自身の利他をみておこう。仏教の開祖ブッダと同様に、キリスト教の開祖イエスもさまざまな利他を行っている。ただしブッダ同様、〝歴史的〟イエス像を再現することは不可能に近い。

イエスを知る手がかりとなる歴史的資料は『新約聖書』であり、その中でもとくに共観福音書（マタイ・マルコ・ルカ）だ。同じ福音書でも、人間イエスの言行に重点を置くか、イエスとして現れた超越者の働き（「神の子」）に重点を置くかの違いはあるが、ともにキリスト（救世主）としてのイエスを描き、伝えようとしている。よって、そのような資料から歴史的な人間としてのイエス像を抽出するのは容易ではない。ここでは八木［1977: 21–22］に基づき、不確定な要素を極力排したイエス像を提示する。

イエスは恐らく紀元前四年ごろガリラヤのナザレで生まれた。父はヨセフという名の大工であり、母はマリアであった。弟や妹もいた。紀元二〇年代の後半に洗礼者ヨハネから洗礼を受け、やがてヨハネのグループから独立して伝道を開始した。神の支配を告知し神の国の到来を予告し、人は律法ではなく、直接に神の意志をわきまえて、これに基づいて行為し生くべきことを主張し、神の支配にしたがう人間のあり方を教えた。したがって、律法の文字を至上視しもっぱらこれへの服従を説く律法主義を、神の意志の事実からして批判し、こうして律法学者・パリサイ人と衝突した。他方イエスの言葉を受け入れ易い状況にあった下層階級の無学な人達と親しく接触し、彼等こそ神の国に入ると説いてひとびとの支持を集めたので、支配階級から敵視また危険視されることになった。若干の弟子達を連れてガリラヤで巡回伝道を行い、紀元三一年か三二年の春にエルサレムにのぼり、神殿の営みを批判してユダヤ当局から秩序の攻撃者とみなされ、過越《すぎこし》の祭の前に逮捕された。そしてローマにたいする叛乱の首謀者という罪名を負わされて十字架刑に処せられた。私達がイエスの生涯の外的な出来事についてほぼ確実だと言えることは大体以上のようなことである。

最初にキリストとしてのイエスに触れた人には、なんとも無味乾燥なイエス像になってしまうが、奇蹟物語も含め、共観福音書に含まれる原始教団の信仰の表白部分を削除すれば、人間イエスの生涯は以上のようになる。歴史的なイエス像を探究することが学問的に重要であることは言を俟《ま》たないが、その一方で潤色されたイエス像も重要だと考える。かつて私はブッダ像の究明にあたり、「歴史を作ったブッダ」と「歴史が作ったブッダ」とに分けることを提案した。問題は「歴史が作ったブッダ」を「歴史的ではない」と切り捨てることではなく、両者を混同することなのである（ただし、両者はまったく別物でもないことには注意を払う必要がある）。

同様に、イエスも「歴史を作ったイエス」と「歴史が作ったイエス」とに分け、ここでは「歴史が作ったイエス」も視野に入れて、イエスの利他を考えていく。その場合、利他も二層に分けて考える必要がある。一つは磔刑に処せられ十字架上で死ぬまでのイエス、もう一つは死後に復活し昇天したイエスの利他である。ではこれに沿って、既述のイエス像に神話的要素も肉づけしながら、イエスの利他をまとめてみよう。

## イエスの利他

イエスはベツレヘムでマリアを母として生まれた。青年になったイエスは従兄弟の洗礼者ヨハネからヨルダン川のほとりで洗礼を受けて、三〇歳頃から神の道を独自に説くようになり、旧来のユダヤ教や権力者を批判する一方、貧しい人びとからは愛され慕われていた。洗礼の後、イエスはガリラヤ地方で伝道し、その後エルサレムに入城すると、ユダヤ当局者や支配者ローマ人たちのイエスにたいする批判はクライマックスに達し、ついにはゴルゴタの丘で政治的反逆者として磔刑《たっけい》に処せられ死亡した。しかし三日後、イエスは復活して弟子の前に現れ、その後、昇天したという。では、この事実をどう解釈すればキリスト教信仰が誕生することになるのか。高尾［1980b: 22］はこう述べる。

イエスの弟子たちは、イエスの死後すぐに、このイエスが墓に葬られてから三日後に死人の中から甦ったと宣べ伝え始めた。そしてイエスの死も、単なる政治的死などではなく、あらゆる人の罪を贖うための死であったことを確証するものであり、イエスがまさしく生ける神の子キリスト、万民の救い主であることを神自身が証明した出来事であったと説き始めたのである。ここにキリスト教信仰が始まったのであり、この宣教の「真実性」にこそ、キリスト教の一切がかかっているのである。

まず、磔刑に処せられるまでのイエスの利他行を整理しよう。最初に紹介するのは、ガリラヤ地方の伝道における活動である。そこでイエスは汚れた霊に憑依されていた者から霊を追い出すと、周囲にいた人びとは驚嘆し、その噂は全地方に広まった。すると夕方には、病に冒された人や悪霊に憑かれた人びとがイエスのもとに集まってきたので、イエスは病人を癒し、憑依した悪霊を退散させた。翌朝もイエスは会堂で教えを説き、福音を伝え、人びとの病や患いを癒した（「マルコ」1: 21–38;「マタイ」4: 23–25）。

イエスが病人を癒した話は他にもある（「マルコ」3: 1–6）。イエスが会堂に入ると、片手の萎えた人がいた。イエスが彼に「手を伸ばせ」と言い、彼が言われたとおりにすると、その手は治っていた。またイエスが姦淫の罪で捕まった女性を救済した話は有名である（「ヨハネ」8: 2–11）。パリサイ人たちと律法学者はモーセの律法を盾に彼女を石で打ち殺そうとするが、イエスが「あなたたちの中で、これまで罪を犯したことのない者が、まずこの女に石を投げなさい」と言うと、誰も彼女に石を投げることはできず、イエスは彼女の命を救った。

以上の用例は、物理的・肉体的な側面に偏った利他だが、磔刑に処せられた後に復活したイエスの利他は、精神的な側面の利他である。高尾の指摘どおり、キリスト教信仰はイエスの磔刑による死を「人類の罪の贖い」と理解することから始まる。それを証明するのが復活だ。こうして、イエスの死により罪を贖われた人がなすべきことは、その事実を信じ、神を愛し、また隣人を愛することになる。イエスは言う。

「〈すべての心、すべての霊、すべての知恵をあげて、主なる神を愛せよ〉。これが第一の最大の掟である。第二もこれと似ている。〈隣人を自分と同じように愛せよ〉」（「マタイ」22: 37–39）

イエスは分け隔てなく全人類に平等に愛を示し、全人類の罪を自らの死で贖ったことがキリスト教の基本にある。まさにイエスの利他は「磔刑死に極まれり」と言っても過言ではない。これは仏教の「代受苦」に相当する。全人類になり代わって、その罪の一切をイエス一人が引き受け、自らの死苦を以て罪を贖ったからだ。

残された人びとはそのイエスの愛に応えるために、神を愛すると同時に、隣人をも愛さなければならない。それはキリスト教徒の使命の一つだ（もう一つは「キリストの福音（よき知らせ）を世界中に伝えること」）。自ら愛の実践者として範を垂れたイエス、そのイエスの愛に応えるために、これから紹介する人びとは類い希なる利他行を隣人愛として示した。ではその具体的な活動をみていこう。

## マザー・テレサの生涯

最初に取り上げるのは、一九七九年にノーベル平和賞を受賞したマザー・テレサである。説明する必要がないほどの業績を残した彼女だが、ここでは人間業とは思えない利他行を達成した彼女の動機づけに注目し、ゴンザレス＝バラド［2000］やコロディエチュック［2014］に基づき、まず彼女の生涯をまとめてみよう。

彼女は一九一〇年八月二六日、旧ユーゴスラビアのスコピエに生まれた。本名はアグネス・ボワジュ。アグネスはそこでイエズス会所属の聖心教区カトリック青年グループに自ら加わり、貧しい人のための召命を初めて感じた。そして一九二八年にはアイルランドに行ってロレット聖母修道会に入会し、かねてから望んできた修道女となった。そのとき彼女は一八歳だったが、家族を離れてシスターになることを決意して以来、自分の決定が正しかったことを一瞬たりとも疑ったことはなく、彼女自身それは神の御旨であり、神の選択だったと述懐する。

翌二九年、アグネスはインドのカルカッタ（コルカタ）に派遣され、その一週間後にはダージリンに派遣されると、そこで修練を始めた。そして一九三七年には終生誓願を立て、「テレサ」という修道名が与えられた。一九四三年、テレサは特別な私的誓願を立てた。誓願を破れば大罪に値するという束縛のもと、神が求められるすべてを捧げるという、「神に何一つ拒まない」という誓願を立てたが、これはある時期まで誰にも明かしていない秘密の誓願であった。

さて、修道院の生徒の大部分はヨーロッパ系の中流家庭出身者だったが、塀の外では貧しい人びとが毎日の生活に苦しんでいた。そのギャップにテレサは違和感を持ったが、数年後、彼女は「召命中の召命（神からの呼びかけ）」を聞き、自分の生涯をかける仕事が何であるかを悟ることになる。一九四六年九月一〇日、ダージリンへ向かう汽車の中で、召命中の召命を聞いた。テレサはそのときの様子をこう記す。

それは、私の召命中の召命でした。第二の召命です。貧しい人びとの中で最も貧しい人に奉仕するため町に出かける――非常に幸福なロレット会の生活さえも捧げる召命でした。貧しい人びとの中で最も貧しい人の内におられるキリストに仕えるため、すべてを捧げて、スラムにおいて主にしたがう呼びかけを聴いたのは、汽車の中でした。……私はそれが神の御旨であり、彼にしたがわなければならないと分かっていました。それが神の御業となることに、いささかの疑いもありません。

さらには、こうも述べている。

貧しい人びとの中で最も貧しい人に仕えることによって、イエスの渇きを癒すために、神が「召命中の召命」を与えられたのは、一九四六年ダージリンへ向かう汽車の中での、この日のことでした。

生涯の最期に至るまで、彼女は創立した修道会存続の唯一の最も大切な理由は、イエスの渇きを癒すことにあると強調する。この車中での出来事の数ヶ月後に書かれた修道会会則の第一草案の中で、テレサは「神の愛の宣教者の総括目標は、十字架上のイエス・キリストの愛と人びとの魂への渇きを癒やすことである」と新修道会の目標を表明している。この「十字架上のイエスの渇きを癒やす」という会の目的は、彼女の神秘体験が十字架上で死に直面していたイエスが「私は渇く」と叫ばれたときのゴルゴダの丘で起こったことを示しており、この聖書の引用がテレサにとって、召命の総括であると同時に警句ともなっている。

さて彼女は修道院を離れ、最も貧しい人びとに仕える活動をしたかったが、ヨーロッパ人修道女の一人が修道院の壁の外で暮らすことは、教会においても市井においても、すべての人が承認することではなかったので、カトリック教会の上層部は慎重であり、すぐには許可を下さなかった。しかし、度重なるテレサの訴えにより、一九四八年、修道院外住居の特別許可を得、カルカッタのスラム街へと歩を進めた。最初はホームレスの子どもたちを集め、一人で無料の授業を行ったが、しばらくすると、彼女の教え子たちが彼女と行動をともにしたいと願い出る。一九五〇年、ようやく「神の愛の宣教者会」はローマ教皇庁の認可を受けて正式に成立した。その後の活動は周知の事実であり、テレサは修道会のリーダーとして「マザー」と呼ばれるようになった。

一九五二年には「ニルマル・ヒリダイ（清い心の家）」という「死を待つ人の家」を開設、またそこで死を迎えた人の子どもたちは孤児となったので、孤児院も開設した。これらにつづき、シスターたちは、ハンセン病者、エイズ患者、未婚の母たちのホームも数多く作っている。

## マザー・テレサの利他

彼女の生涯を簡単にまとめただけで、その利他行の多くは説明されたことになるが、ここでは、さまざまな活動の基底となっている彼女のモチベーションからその利他行を考えてみよう。

彼女のモチベーションは一九四六年にダージリンへ向かう汽車の中で聞いた「召命中の召命」しかないだろう。つまり、「貧しい人びとの中で最も貧しい人の内におられるキリストに仕えるため」である。テレサは決して最も貧しい人を上から目線で憐れんで慈善活動を行ったのではない。そうではなく、召命が示すように、彼女にとって最も貧しい人はまさにイエス・キリストその人自身であった。この信念があったからこそ、彼女の活動は死ぬまで継続的になされたのだ。彼女は言う。

貧しい人に触れるとき、私たちは実際にキリストのお体に触れているのです。私たちが食物をあげるのは、着物を着せるのは、住まいを提供するのは、飢えて、裸の、そして家なしのキリストに、なのです。

貧しい人と区別してキリストを見るのではなく、貧しい人の中にキリストを見るのでもない。彼女にとっては貧しい人がキリスト自身であった。だから、彼女は「私たちはイエスにしているかのように貧しい人びとに仕えてはいけません。彼らはイエスその方だから仕えるのです」とも述べている。だから、通常の人なら忌み嫌う感染症者の体に触れることも、まったく厭わず、つぎのように言ってのける。

私の勇気を褒め称えてくださる人びとに申し上げたいのは、私がハンセン病者の体に触れ、言いようのない悪臭を放つ膿の流れる体に触れるたびに、聖体でいただくキリストと同じキリストの体に触れているのだとの確信なしには、私にはその勇気はありえないということです。

ではここで、キリスト教の利他の条件について考えてみよう。仏教の利他の条件が「悟りに資すること」はすでに確認した。直接的であれ間接的であれ、衆生を仏教と結縁させ、衆生を悟りに導くことが仏教の利他の「利」である。だから、それ以外の利他は本来的な意味での利他ではない。ではキリスト教はどうか。少し仏教と視点は異なるが、テレサはつぎのような言葉を残している。

（前略）倒れるまで一生懸命はたらくことも、力以上に働くことも、してできないことはありません。でも、そんなに働いても、それが愛に基づいてなされていないなら、神の目には無益なことでしかないのです。

これによれば、たんなる親切心で行う利他はキリスト教的には利他ではないということになる。キリスト教の利他は「神の愛に基づく隣人愛」からなされる活動と理解できよう。彼女は神の愛を具体化することに余念がなかった。愛の単純な仕事をとおして、貧しい人びとが人間の尊厳をもって生活し、神を知る機会を彼らに与えようとした。とすれば、仏教の利他が仏教と結縁させ、悟りに資する行動であるとするなら、キリスト教の利他は神の愛に基づき、神の愛を知らしめる活動と定義できよう。

そしてテレサは神の愛の具体化である隣人への愛、すなわち利他の出発点として「祈り」を位置づける。「祈りは信仰を生み、信仰は愛を生み、愛は貧しい人びとのための奉仕を生みます」と述べているからだ。ただし、この「祈り」はたんなる「願いごと」ではない。彼女は祈りをこう定義する。

祈りは願いごとではありません。祈りとは自分自身を神の御手の中におき、そのなさるままにお任せし、私たちの心の深みに語りかけられる神の御声を聴くことなのです。

テレサは沈黙の中で静かに祈り、すべてを神に委ね、そこから聞こえてくる神の声（召命）にしたがって、神の愛を具体化すべく貧しい人びとへの奉仕という利他（隣人愛）を実践したといえよう。

## 井深八重の生涯

つぎに、アメリカの週刊誌『タイム』（一九七五年、一二二五号）で「マザー・テレサに続く日本の天使」と紹介された井深八重《いぶかやえ》の利他を取り上げる。彼女の功績は本国日本でもあまり知られていないが、ここでは小部ながら井深八重について総合的に論じた中村［2009］に基づき、星［2013］も参照しながら、まず彼女の生涯をまとめる。

井深八重は一八九七年、彦三郎とテイの長女として生まれた。伯父の井深梶之助は明治学院（現明治学院大学）の第二代総理、また親戚には後にソニーの創業者となった井深大がいた。八重が七歳のとき両親は離婚し、テイは井深家を出たので、八重は祖母の井深八代に引き取られ、明治学院構内で梶之助夫婦とともに暮らした。一三歳で京都の同志社女学校普通部に入学し、専門学部英文科とあわせて八年間を同志社女学校で過ごす。ここで彼女はキリスト教に触れて大きな精神的影響を受け、このときの体験が後の八重のアイデンティティ形成に寄与したと考えられる。

一九一八年に女学校を卒業した八重は、長崎県立高等女学校の英語科の教師として赴任した。しかし翌年、八重が二二歳のとき、彼女の将来を決定づける出来事が起こる。皮膚の痛みや痒みを感じた彼女は病院で診察を受けたが、担当の医師が不在だったため、代診の者が診察すると、「ライ（ハンセン病）の疑い濃厚」とのこと。再度あらためて診察するように言われたが、同伴した親戚の者たちはそれを許さず、本人にはライの疑いを伏せたまま秘密で家族会議を開き、彼女を神山復生病院に入院させた。病院で自分がライの疑いがあることを知ったときの衝撃を、八重自身はこう述懐する。

それは何にもたとえようもなく、なにか底知れぬ深みへつき落とされた思いでした。「この自分が」と思った瞬間、呆然として足の支えを失い、果てしない空間の中へ落ち込んでゆく思いでした。きのうまで住んでいた社会との余りにも隔たりのある世界に、話す友もなく、幾晩かを泣き明かしたことでした。

当時の八重の絶望感が如実に伝わってくる。しかし、そこに入院していた本田ミヨや院長のレゼー神父との出逢いで彼女は徐々に自分を取り戻し、自らの病を神の摂理と確信を深めていく。そして入院後三年が経過したころ、ハンセン病の兆候が現れなかったことから、レゼー神父に再検査を受けるように言われた。そこで彼女は皮膚科の世界的権威である土肥慶蔵博士から精密検査を受けると、ハンセン病ではないことが証明される。誤診だったのだ。

誤診とわかった以上、神山復生病院に預かることはできないから、レゼー神父は八重にフランスに行くよう提案した。にもかかわらず、八重はレゼー神父に「もしも許されるなら、ここに留まって働かせていただきたい」と申し出る。すべてを神の摂理と諒解する彼女は、この道こそ自分に与えられた愛しき神の摂理の道であり、自分に与えられた唯一の使命であると悟ったのである。

こうした経緯を経て、彼女は神山復生病院に留まった。八重は看護婦の資格を取得すると、一九二三年にあらためて神山復生病院に就職し、唯一の看護婦として働き始めた。しかし八重は看護行為だけでなく、薬局のことやレントゲンの撮影や現像の仕事もすべて担当し、さらには患者の話に親身に耳を傾けるなど、カウンセラーとしての役割も果たしていた。

こうした功績が認められ、数々の賞を受賞することになったが、自分の功績を誇ったことはなく、口にするのは人の徳を称える言葉のみであったという。そして一九八九年、八重は九二歳の生涯を閉じた。その墓碑には「一粒の麦」と刻まれている（後述）。

## 井深八重の利他の根源

自身がハンセン病ではないと判明したにもかかわらず、今度は患者としてではなく看護婦として彼女を神山復生病院に留まらせ、患者の救済に献身させた要因は何だったのか。彼女自身は自分のことをほとんど語っていないので推察するしかないが、その大きな要因がキリスト教信仰にあることは想像に難くない。同志社女学校でキリスト教と出会い、神山復生病院でレゼー神父の人格に触れた八重の思考の核には、イエス・キリストへの真摯な信仰があったはずだ。では、その具体的な内容を外発的要因と内発的要因の両面からみていこう。参考にするのは中村［2009］である。

ここでは外発的要因として二つを指摘しておく。一つはレゼー神父への「恩返し」の気持ちだ。自分がハンセン病ではないことが判明したからと言って「この大恩ある老師と世にも気の毒な患者たちを措いて、今更踵をかえすことなど出来るでしょうか」と、八重は率直に当時の心情を吐露している。自分の精神的支柱となった神父の恩に報いないということは難しかったに違いない。

もう一つは、患者の本田ミヨの存在である。誤診と判明する前、つまり八重が患者として入院していたとき、「不治の業病、崩れていく肉体―冷酷さきわまるその現実にいささかも屈することなく、かえって人間としての光をますます鮮やかに放っている」ミヨは、八重に「真の幸福」を無言で教えたに違いない。看護婦として病院に残ることを決意した後も、ミヨの「あなたは最後までここにいるのですよ」という遺言が彼女を支えたという。以上、二人との出逢いを外発的要因と理解しておく。

外発的要因にもまして重要な内発的要因が、彼女自身のキリスト教信仰である。まず最初に取り上げるのは、『旧約聖書』「伝道の書」にある「空の空なるかな、みな空なり。神を愛し、これに仕えるのほか、みな空なり」という聖句。レゼー神父は絶望の淵にいた八重にしばしば説いて聞かせた。後に八重は「しばしば聞かされましたが、そのうち自分も心からこれを味わって唱えられるようになりました」と述懐する。ここでは、世俗的な幸福と宗教的な幸福が逆説的な形で暗示されている。世俗的な幸福（富や名声など）は実は空しいものであり、たとえ貧しく病に罹っていても宗教的な幸福（神を愛し、神に仕えること）こそが空しからざる真の幸福であることを八重は神山復生病院で体験的に知った。そこには生きた手本のレゼー神父や本田ミヨがいたからだ。

つぎに「摂理」という観点から考えてみよう。八重は「み摂理のままにと思い忍び来ぬ　なべては胸に深く包みて」という短歌を残しているが、この短歌のキーワードは「摂理」である。摂理とは、岩下〔2015: 126–127〕によれば、（一）各被造物に特有の目的を賦与すること、（二）この目的に向かってそれらを指導すること、そして「摂理は神の愛の発現」であると説明する。それは「使命／召命」と言い換えてもよい。八重は老院長の手足となり、病者のために尽くすことが神から与えられた使命であると受けとめ、自発的に神の愛に応えようとしたのではないか。

誤診とは言え、彼女がハンセン病患者とされ、患者の気持ちを経験したことも大きかった。本当は病気でもない自分がなぜ誤診されハンセン病患者となったのか。摂理という視点から、その「なぜ」を意味づけると、自ずと答えは「病院に留まって病者を看護する」となる。なぜなら、誤診はたんなる誤診ではなく、神の御業であるからだ。八重はその意味を「将来、ここで病者を看護するために彼らの気持ちをまずは体験しなさい」と解釈したと私は推測する。でなければ、そのような偶然が自分に起こるはずがないと八重は考えたのではないか。

ここで、彼女の墓碑に刻まれた「一粒の麦」の意味を考えてみよう。これは『新約聖書』「ヨハネ」(12: 24) にみられる。キリストは死を前に「よくよく、あなた方に言っておく。一粒の麦が地に落ちて死ななければ、それはただ一粒のままである。しかし、もし死んだなら、豊かに実を結ぶようになる」と語った。これはイエスが磔刑死したことで、全人類の罪が贖われ、新たに生かされたことを比喩的に伝えている。

これはイエス自身の決意を語るとともに、彼にしたがう人びとの生き方も示唆する。八重は自らをイエスになぞらえ、安易な生き方に安住するのではなく、神山復生病院での過酷な生き方を選択することによって病者に神の愛を伝え、新たな宗教的生の幸福を提供しようとした。

八重は神の愛を、隣人（病者）への愛（看護）という行動で具現化したのである。

## 中村哲の生涯

最後に、現代の日本人に最も近い中村哲《なかむらてつ》を取り上げる。まずは、中村［2013; 2020］によりながら、その生涯を点描してみよう。

中村は敗戦翌年の一九四六年九月一五日、福岡県の三笠町に誕生した。昆虫が大好きな少年で、昆虫を追いかけては野山を駆け巡っていたことが、将来の人生の布石となる。幼少期より、父や祖母の影響もあり、『論語』の倫理観に大きく影響を受けたが、さらに中村に決定的な影響を与えたのがキリスト教だった。彼はミッションスクールである西南学院中学部に入学し、内村鑑三の『後世への最大遺物』を読んで、「自分の将来を日本のために捧げる」という使命感を持った。当時は医療過疎が問題となっていたので、医学部進学を決心する。また高校時代に洗礼を受け、正式なキリスト教徒になった。後に中村は九州大学医学部への入学を見事に果たし、医師としての道を本格的に歩み始めた。

一九七三年、大学卒業とともに精神科医として医師の第一歩を踏み出した中村だったが、一九七八年、福岡の山岳会のヒンドゥークシュ遠征隊に医師として参加したのが、アフガニスタン（以下、アフガン）と縁を持つきっかけとなる。昆虫と山が両者を引き合わせたとも言えよう。昆虫や山への興味が中村の背中を押した。

この時点で、現地に医師として赴任することは考えていなかったが、一九八二年に日本キリスト教海外医療協力会から声がかかり、中村は現地に赴任する。中村の現地赴任をきっかけに、一九八三年にはペシャワール会が発足。基本的には基金団体だが、たんなる基金団体ではなく、現地活動に共感する人びとを中心に、同好会的な集団から現地活動を支える組織へと成長し、その後の灌漑用水路活動にも多大な支援を提供することになる。現地に赴任した当初、中村はハンセン病患者の治療に当たっていた。

当時、アフガンは内戦が続いており、一九七九年にはソ連がアフガンに侵攻するなど政情は極めて不安定で、難民が急増していた。そのような状況下、中村は難民キャンプでハンセン病患者の医療活動を行ったが、「ハンセン病診療」と並行して「アフガンの山村無医地区におけるモデル診療体制の確立」を目標に、精力的な活動を開始する。

アフガンからソ連が撤退し、宗教勢力タリバンがカブールを陥落させると、国土統一の気運が高まり、いったんは内戦終結の兆しが見えていた頃、二〇〇〇年には中央アジア全体が大旱魃に襲われ、アフガンの被害は甚大だった。餓死する者や感染症で落命する者も後を絶たず、もはや病気治療の域を超えていた。そこで中村は飲料水の獲得に乗り出す。病気のほとんどが、充分な食糧、清潔な飲料水さえあれば防げたからである。こうして井戸の掘削作業が進められた。

これに続いて、自給自足のアフガン農民を救済するため、「百の診療所より一本の用水路」をスローガンに、中村は灌漑用水の建設に着手した。農村の回復こそ健康と平和の基礎だと考えたからだ。この頃、九・一一の同時多発テロが勃発し、アフガンがアメリカ・イギリス軍の標的となって空爆に晒されたことは周知の事実であるが、そのような状況下でも中村は地道に活動を継続していった。

二〇〇二年三月、「農民の回復なくしてアフガンの再生なし」と確信した中村は「緑の大地計画」を発表し、(一)乾燥に強い作付けの研究、(二)飲料水資源として総数二〇〇〇カ所を目指す、(三)灌漑用水事業として二五キロの用水路を建設する、を骨子とする計画を立てた。こうして中村がハブとなり、ペシャワール会の援助を受け、現地民の協力の下、八年の歳月を要して、二〇一〇年全長二五キロにも及ぶマルワリード用水路が完成した。

医師でありながら、中村はこの用水路建設のために自ら土木工学を独自に学び、また自ら大型ショベルカーを自在に操るなど、まさに八面六臂・獅子奮迅の活躍だった。こうして土色に乾燥した大地は見事に緑を回復する。映像で両者を比較すると、感動さえ覚える変貌ぶりだ。膨大な資金と多くの労力がなければ実現しなかったのはたしかだが、資金と労力があったとしても中村がいなければ絶対にこの光景は実現していない。彼の人格が資金と労力を一点に収束させたのである。結果的に中村は一六〇〇本の井戸を掘り、二五キロにも及ぶ用水路（分水路は一六・七キロ、一日送水量四〇万トン、灌漑面積三一二〇ヘクタール）を拓き、六五万人の命をつないだ。

## 中村哲の利他

中村をそこまで駆り立てた要因を考えてみよう。中村は西南学院でキリスト教と出会い、内村鑑三の書に触発され、洗礼も受けているので、その根底にキリスト教の信仰があるのは間違いない。しかし、マザー・テレサや井深八重と違い、中村の場合はキリスト教をベースに、儒教・仏教・神道などの宗教的要素も垣間見られる。まずは、その根本となるキリスト教信仰から繙いていこう。

一九六一年一二月二四日、中村は西南学院に入学したことを機縁に、香住ヶ丘教会でチャーリー・フェナー宣教師から洗礼を受けた。当時、香住ヶ丘教会の主任牧師をしていた藤井健児によれば、彼は礼拝に来るだけでなく、牧師館を訪問し、盲目の藤井牧師と聖書や将来や人生について語り合った。「先生（藤井）が目も見えないのに牧師になって人のため世のために働いておられる。自分も世のためになるような、そういう勉強がしたい」と言い、医学の道を目指すようになる。

二日市栄光キリスト教会の沼慎二によれば、「彼の中にキリストの愛の精神があったからこそ優しさとか相手にたいする思いやりとか、そういうことが非常に強く働いていたと思うんですね。だから無償の証ですよね。どこかにキリストの香りを漂わせていた」という。当時、中村と同じ日に洗礼を受け、後に沼慎二の妻となった沼（服部）和子は「彼（中村）はナルドの壺が一番好きだっていう。その歌詞を読んだ時に彼の人生そのものだなって思って。なんとも言えない感動がありますね」と述べる。

ナルドの壺とは、ベタニヤのマリアが高価なナルドの香油の入った石膏の壺を壊し、イエスの頭に惜しみなく注いだという「マルコ福音書」（一四・三）の記述に基づき、自分の大切なものを捧げて人に奉仕する業を意味する。では、賛美歌「ナルドの壺」の歌詞を確認してみよう。

一．ナルドの壷ならねど　捧げまつるわが愛
みわざのため　主よ　潔めて　うけませ　うけませ
二．弱き民に力を　おぐらき世に光を
あたえて主の　たかき御旨　なさばや　なさばや
三．怖ずる者に平和を　嘆く者に望みを
わかちて主の　深き恵み　あらわさん　あらわさん
四．この世のわざ　おわりて　あまつ国に　かえらば
主よ　みまえに　仕えまつらん　ときわに　ときわに

まさに、中村自身のことを歌っているような歌詞だ。神の愛により新たな命を与えられた者が、今度は自分が人のためにその神の愛を隣人愛として実践し、神の愛をこの世に具現化しようとする。弱きアフガンの人びとのため、内戦やテロの戦争で光を失った世界で中村は神の愛を実践し、彼らの力となり、一筋の光をもたらして、平和と希望を実現しようとした。それが神の御旨にかなうと信じての活動だったに違いない。このように、キリスト教信仰が中村の人格の核にあるのはたしかだが、それ以外に仏教的な要素が存在したことも無視できない。つぎ

に、この点を確認してみよう。

中村自身、仏教の影響については言及していないが、それを暗示する言説が確認される。まず指摘すべきは「一隅《いちぐう》を照らす」という表現だ。これは天台宗を開いた最澄の言葉だが、中村が好んでこの言葉を使ったという。今いる場所で自分ができること（やるべきこと）を精一杯実行するという意味だが、その一つの灯火は小さくとも、多くの人がそれぞれ一隅を照らせば、結果として世界は希望の光で満ちあふれる。とはいえ、中村の照らした「一隅」はかなり「大きな一隅」だったことは間違いない。しかし中村にとって、毎日刻々の作業は「一隅」という認識だったのだろう。

また中村は宮沢賢治を引用するが、宮沢賢治は熱烈な法華経信者であり、その作品にも仏教思想が色濃く反映している。中村が「イーハトーブ賞」を受賞（二〇〇四年）したとき、書面で受賞の辞を送っているが、そこで彼は自分がアフガンで二〇年も働いてきた理由は信念や宗教的信仰ではなく、「セロ弾きのゴーシュ」に自らを喩え、アフガンの人びとの窮状を目にすると、どうしても立ち去ることができなかったからと述懐する。

そして「遭遇する全ての状況が──古くさい言い回しをすれば──天から人への問いかけである。それにたいする応答の連続が、即ち私たちの人生そのものである。（中略）それゆえ、ゴーシュの姿が自分と重なって仕方ありません」と述べる。自身の活動を信念や宗教的信仰に基づくのではないと述べるが、この表現を見れば、「天」とはキリスト教の「神」、「問いかけ」とは「神からの召命」と理解できよう。

## キリスト教の利他と他力

本章では教祖イエスをはじめ、日本人に身近で、特筆すべき利他行を実践した三人のキリスト教徒を簡単に紹介してきた。最後にキリスト教と利他の関係について、八木［1977: 25-45］を参考にしながらまとめておく。「利他」の反対は「利己（エゴイズム）」だが、八木はイエスを「エゴイズムを克服した人間の、本来のあり方を示した者」と位置づけ、キリスト教とエゴイズムの問題（そして、それは裏を返せばキリスト教と利他（隣人愛）の問題でもある）を考察する。

隣人愛を説明するのに、八木は「善きサマリア人の喩え」という例話からイエスの基本的な考え方を明らかにするので、まずはこの例話を確認することから始めよう。これは共観福音書のうち、「ルカ」にのみ収録されている話で、律法学者とイエスの問答という形式で説かれている。テーマは「永遠の命を得るにはどうすればよいか」だ。

ある人（ユダヤ人）が旅の途中で強盗に襲われ、半殺しの目に遭った。そこに偶然、ある司祭がやってきたが、その人を見たのに避けて通り過ぎた。同様に一人のレビ（神殿業務を司る種族）もその場に居合わせたが、同じ反応を示した。しかし、ユダヤ人と仲の悪かったサマリア人は彼を見つけると、彼を介抱し、自分のロバに載せて宿屋に連れて行き、宿屋の主人に彼の世話を依頼して費用まで支払った。

この話を紹介した後、「誰が強盗に襲われた人の〝隣人になった〟と思うか」とイエスが問うと、律法学者は「その人に親切にした人です」と答えた。そこでイエスは「あなたも同じようにしなさい」と教えた。ここでは神を愛することに加え、隣人を愛することが永遠の命を得る道であることを暗示している。この例話の中で傷ついたユダヤ人を助けたのは、同じ種族の仲間である司祭やレビではなく、仇同然のサマリア人だったという逆説が説かれているが、ここに八木は対立（エゴイズム）を超えた愛が象徴的に説かれているとみる。隣人愛とは、対立する集団に属する、見知らぬ人同士の愛、「隣人」であることから最も遠い人同士の愛であり、これこそ「エゴイズムを超える愛」であると八木は指摘する。では、この愛を可能にするものは何か。

これについて八木は『ヨハネ第一の手紙』（四・七以下）にある「愛する者よ、互いに愛し合おうではないか。愛は神に由るものであり、すべて愛する者は神から生まれたのであって、神を知るからである。愛なき者は神を知らない。神は愛だからである」に基づき、この問題を解こうとする。「神を知る者」とは、律法学者のように聖書を研究したり神学者のように神について思索したりする人ではなく、サマリア人のように「愛を行う人」であると定義し、「人は愛するとき、その行為があくまで自己の自由な行為でありながら、愛が神に由ることを知り、彼の行為が神からの働きかけ、促しに由ることを知るのである」と指摘する。

以上から、隣人愛を可能にするのは、自己を超えて自己たらしめる神の愛であり、その愛を直覚できたとき、人は強制ではなく自発的かつ主体的に隣人愛を実践できる。とすれば、法（ダルマ）あるいは仏（ブッダ）という〝他力〟によって自我が相対化された地平に仏教の利他が展開するように、キリスト教でも神の愛という〝他力〟からの働きかけにより、その神の愛に応えるために隣人愛としての主体的な利他が開する。

なお、この〝主体的〟な隣人愛の実践について、同じ「善きサマリア人の喩え」に言及しながら、重要な指摘を行っている山本［2021：49–55］の所論を紹介しよう。彼はイエスの質問「誰が強盗に襲われた人の隣人になったと思うか」の「隣人になった」という表現に注目する。「誰が隣人であるか」という質問なら、それは隣人の範囲を確定する問いとなるので、「ユダヤ人/血縁者」のように、答えは自ずと限定的かつ静的になってしまう。だが、「誰が隣人になったか(なるか)」とは、自らが主体的に自分の助けを必要としている人の隣人に〝なっていく〟という、無限定で動的な問いとなる。

この指摘をふまえたとき、マザー・テレサ、井深八重、そして中村哲の隣人愛という利他行は、何の蟠《わだかま》りもなく素直に理解できよう。義務(他律的)でなく、神の愛を直覚した彼(女)らが主体的に、インドの貧民、ハンセン病患者、そしてアフガンの難民たちの隣人となり、神の愛を隣人愛として具現化したのである。

# 第七章　他力による利他

いよいよ、本書を締めくくる最終章となった。宗教の中でもとくに仏教の利他を中心として考察してきたが、最後に利他の本質について私見を述べる。「理想的な利他は他力に基づいた自利即利他である」というのが本書の主張だ。最後にこの点をもう少し深く掘り下げて本書のまとめとする。

## 利他と他力

ここで、あらためて「利他」の「他」と「他力」の「他」について整理する。先ず前者「利他」の「他」とは、自分以外の「他者」を意味した。自分以外の「衆生（生きとし生けるもの）」である。衆生とは、人間のみならず、動物や昆虫までも含む広い概念だった。インドではこの中に植物は含まれなかったが、インドから中国、そして中国から日本へと仏教が伝播する過程で、植物をも含む有機物、さらには「山川」という無機物までも含む広大な生命観へと発展していく。

仏教はインド以来、土着の宗教と習合し、その地に根を下ろした。日本では神道と習合しつつ独自の発展を遂げたので、その中に神道特有のアニミズム的要素を取り込んでいる。空海は、風の音や山の景色など、仏の説法でないものはないと言う。諸法実相《しょほうじっそう》は「現象（諸法）はすべて真実の姿（実相）である」を意味するので、自然界を含めた一切は実相である。

よって、それを如来の説法ととらえる視点も出てくる。そう考えれば、利他の「他」は、人間や動物も含めて「自分以外のすべての存在」となる。とすれば、人間への利他はもちろん、動物愛護や自然保護の活動も「利他行」の射程に入ってくる。動物虐待や自然破壊に加担する人間がいる一方で、それに反対する活動を熱心に行う人間もおり、まさに人間はアンビバレントで不思議な存在だ。

つづいて、後者「他力」の「他」について考えてみよう。他力とは仏教用語だが、少なくともインド仏教の段階では熟した言葉ではなかった。ブッダ以来、修行は「自らの力（自力）」に基づくのが当然なので、「自力」という言葉さえなかった。「自力」とは、「他力」の出現により、そのカウンターとして誕生した言葉なのである。戒定慧《かいじょうえ》の三学《さんがく》が如実に示すとおり、戒律を保って心身を整え、精神を集中（定）して最終的に智慧を獲得し、苦から解脱するというのが、ブッダ以来の修行の伝統だった。

大乗仏教の興起により浄土教も誕生したが、その浄土教でさえインドの段階では「他力」という概念は熟していない。インド浄土教の土台となった〈無量寿経〉にさえ「他力」という言葉は見られないし、また極楽に往生する方法も念仏（十念）だけではなく、さまざまな行が説かれている。さらに言えば、その念仏も「南無阿弥陀仏」と十回声に出して称える「称名念仏」ではない。漢訳で「十念」と訳される箇所は、インド原典では「〔極楽に往生したいという〕心を十回起こすこと」と説かれている。

〈無量寿経〉をはじめ、〈観無量寿経〉や〈阿弥陀経〉といった浄土系の経典が中国で漢訳され、それが末法思想と出逢うと、伝統的な「自力の修行による成道」が不可能と考えられ、この段階でようやく「他力」が仏教史の表舞台に登場する。そして、その他力と表裏の関係にある「自力」も「他力」を映す鏡として意識されるようになった。

さて、日本では浄土教の影響で「他力」は市民権を得た言葉となっている。「他力本願」は日常語にもなっているほどだ。他力は本来「阿弥陀仏の救い」に関わる言葉であり、したがって中国では浄土教以外で使用される言葉ではなかったが、日本では「修行者の行為」に関わる言葉にすり替わってしまった。

つまり、中国仏教では「自力の救い／他力の救い」という概念はあっても、「自力の念仏／他力の念仏」という名称も概念も存在しない。日本では「自力／他力」を浄土教以外でも使用する傾向にあるが、それは「修行者の行為」として使用しているからであろう（佛教大学教授・齊藤隆信先生の御教授による）。それはともかく、ここでは本来的意味を離れ、幅を持たせてこの語を使用する。

では、その他力はインド仏教とは無縁だったのかというと、そうではない。経典の文言という表層レベルで「他力」は確認されないが、仏教をさらに大きな枠組みである「宗教」の視点から見たとき、ブッダの成道そのものが他力に基づいていることがわかる。本書第二章でも取り上げた「ブッダの悟りの情景」の描写に、再度注目してみよう。第二章ではこれを「自我の相対化」という視点から考察したが、これは「他力」という視点からも考察可能である。なぜなら、「自我の相対化」をもたらすものが「他力」だからだ。

ここでは悟りの情景が「バラモン（ブッダ）に諸法が顕現する」と表現され、ブッダが諸法（真理）の〝器〟として描かれていた。能動的な諸法にたいし、ブッダは受動の立場に置かれている。ブッダが自力を尽くしたのはたしかだが、最後の最後は「ブッダが諸法を悟る」ではなく、「諸法がブッダに顕現する」と説かれ、法の側の働きかけが強調される。ブッダが自力で努力したからこそ諸法は顕現したが、最後に諸法の側が姿を現し、ブッダがそれを受け容れる「器」とならないかぎり、悟りは実現しない。とすれば、ブッダの悟りも「法」からの働きかけ、つまり「法」という他力があってはじめて成就することが理解される。

一般に「他力」と言えば、それは「人格を持った仏（とくに阿弥陀仏）」を想起するが、ここでは必ずしも「人格的な仏」に限定する必要はない。というわけで、本書では「他力」の「他」を「人間を超えた絶対なるもの／人間を超越しつつ内包し、人間を相対化するもの」と理解しておく。

## 宗教の本質

以上をふまえ、ここでは宗教の本質について考える。宗教の定義は多種多様だが、ここでは西谷［1961］の宗教論を取り上げよう。西谷は冒頭で「宗教は我々にとって、何のためにあるか」という問いは、宗教の本質からいって、問いとして間違っていると言う。問題なさそうな表現だが、ここにこそ宗教の本質が隠されている。この間違った問いを破るには、「我々自身が何のためにあるか」という問いを立てなければならないと西谷は言う。これは「我々自身が

〝絶対なるもの（人間を超越したもの）〟にたいし、いかにあるべきか」と言い換えてもよい。

宗教は基本的に〝人間（相対者）〟と〝人間を越えた存在（絶対者）〟との関係を基軸にする。そして人間を越えた存在との関わりの中で、現実の人間のあり方に何らかの変化が生じる。この変化は「アイデンティティの変更」であり、私はこれを「自我の相対化」と表現する。こうして人間の生が根底から更新されることで、人生の根本問題が解決され、人生を有意にとらえ直す地平が開ける。ここに宗教の本質があるなら、さきほどの問題は氷解する。「宗教は我々にとって、何のためにあるか」という問いは、その問い自体がすでに〝自己中心性〟を含んでいる。これは、我々自身を円の中心に置いて宗教を周辺に追いやり、「宗教が自分にとってプラスかマイナスか」という、功利的な自己中心性を言外に含んだ問いであることを図らずも暴露した問いなのだ。

だが、宗教は円の中心に自我を越えた存在を置き、それによって自我を相対化する。人間は中心から円周に場所を移さなければならない。だから「人間を越えた存在にとって、我々の方がどうあるべきか」が問われなければならない。宗教は自我中心的な人間のあり方を否定し、自我を相対化するので、必ず自分自身の変容を伴う。キリスト教なら中心に位置するのは神（あるいは神の子イエス）であり、その神にたいして我々がどうあるべきかが問われる。一方、神の存在意義を認めない仏教が中心に据えるべきは「法（真理）」（この場合の「法」は「法身」としての仏も含まれる）であり、これによって自我を相対化する。

仏教の中でも浄土教では阿弥陀仏が中心に坐り、その阿弥陀仏にとって我々がどうあるべきかが問われる。つまり、自分自身の変容を伴うのが宗教であり、自分がすべての中心に坐り、したがって自分自身の変容を伴わず、かえって自我が肥大化するようなあり方は、宗教とは正反対なのだ。宗教において、我々の存在は絶対なるもの（人間を超越したもの）によって相対化されなければならない。

この他力の概念は、親鸞をもってそのクライマックスを迎える。親鸞はすべてを阿弥陀仏からの一方的な働きかけと理解し、念仏しようという善なる心持ちさえも「如来より賜りたる信心」の働きととらえるので、親鸞の説く他力は「絶対他力」と形容される。また親鸞仏教とは対照的に、只管打坐を標榜し、自力を強調するかに見える道元仏教も、その自力的な修行は他力に支えられている（平岡［2022a: 204-207］）。その端的な例を一つだけ挙げておこう。『正法眼蔵』「生死」の有名な一節だ。

この生死はすなわち仏の御いのちである。これを厭い捨てようとするのは、すなわち仏の御いのちを失うことになる。〔生死に〕留まって生死に執着すれば、これも仏のいのちを失い、仏のありようを留めてしまうことになる。〔生死を〕厭うことも慕うこともなければ、このとき初めて仏のこころに入る。（中略）ただ自分の身も心も手放し忘れて、仏の家に投げ入れて、仏の方から行われて、これにしたがっていくとき、力をも入れず、心をも費やさずに、生死を離れ、仏となる。

傍線部分が如実に表しているように、生死に関しては自力を放棄して大いなる仏にすべてを委ね、すべてを任せきり、その導きにしたがっていくとき、力まず、心も消耗せずに生死を離れて仏になるという。西田［1989: 342］も「場所的論理と宗教的世界観」の中で「元来、自力的宗教というものがあるべきでない。それこそ矛盾概念である」と指摘する。さらにセム系の一神教でも、心弱き人間が精神の安定を求めて神をもとめるのではなく、人間を捜し求める神が人間にたいして一方的に働きかけてくると山本［2021: 23-24］は理解する。結局、宗教という営みの本質は「他力」なのである。

## 自我の崩壊（相対化）から始まる利他

本書で確認したように、利他には「共感」が必要だ。それを脳科学は「ミラーニューロン」で説明するが、仏教は「縁起」で説明する。我々は本来「縁起的存在」であり、他者と関わりの中で存在しており、誰一人として独立自存の存在はない。本来は「他者あっての自分であり、自分あっての他者」なのだが、残念ながら、人間は煩悩を有し、我執（自我意識）や我所執（所有意識）を働かせるために、自分を他者から切り離し、それ単独で永遠に存在するかのごとく錯覚する。

人間の発達に「自我」の芽生えは重要である。なぜなら、これがなければ自分と他者との境界が不明瞭となるからだ。だから発達とともに、人は自分と他者との間に明確な線を引き、自分と他者とを明確に区別する。ものごとを理解する場合も同様だ。理解することを「わかる」というが、これは「分ける」に由来する。つまり「リンゴがわかる」とは、リンゴを他の果物およびリンゴ以外のものと区別し、リンゴとリンゴでないものとを分けることでリンゴの理解が成立する。だから「分けること／区別すること」は人間の正常な発達には欠かせないが、これが発達の最終段階ではない。

仏教の智慧は「無分別智」とも呼ばれるが、これは誤解を招くので、私は「超分別」と呼ぶ。

人間の発達でいえば、生まれてから幼少期は「無分別」の状態である。自分と他者の境がない。しかし、物心がつくようになると、自我が芽生え、自分と他者とを区別するようになる。自分は自分、他者は他者という「有分別」の段階だ。しかし、仏教ではこの段階も超えていくことを教える。それは、自分は自分、他者は他者でありながら、自分は他者によってあり、他者は自分によってある（縁起）という、分別を超えた「超分別（仏教ではこれを無分別と呼ぶ）」の状態である。このように人間の発達は、無分別→有分別→超分別という段階を経て完成する。有分別が最終ゴールなのではない。

超分別の段階では、本書で見たように紙の表裏のごとく自分と他者とが渾然一体（不二）となって存在する本来の状態を、真実（縁起）に即して〝まるごと〟認識するので、「他者を犠牲にして自分だけは幸せになればよい」とか「情けは人のためならず」という考えに基づいた行動は取らない。後者の場合、自己犠牲に見える行動も「それは結果的に自分の幸せにつながる」という認識があるので、それはたんなる自己犠牲ではない。これについては本書で具体的にみたとおりである。後者は一見自利即利他に見えるが、利他によって自利を得るという前後関係が生じており、即の関係にはなっていない。

では、そのような認識に至るには何が必要なのだろうか。ここで重要になるのが「他力」だ。

日常的な自我を崩壊させ、本来の縁起的自己に目覚めるには、どうしても自我を超えた存在、すなわち「他力」の働きかけが必要になる。この他力の働きかけにより、煩悩に基づいた自我は相対化されて無我を自覚し、無我となった本来の自己は他力の働きを受けて存在の本来性（縁起）を取り戻す。また無我となった自己はさらに他者との関係性も回復し、「自利即利他」を理想とする行動も取ることができるようになる。これを図示すると、つぎのようになる。

　　　　　　　　　　　　　　　　　利他
他力→自分（自我→無我→自己）⇄他者
　　　　　　　　　　　　　　　　　自利

ただし、利他は他力からの働きかけが最初になければ成立しないというわけではない。これを心（思考）と体（行動）の関係から考えてみよう。

思考（考え方）が変われば行動も変わるが、その逆もある。つまり、行動を変えることで思考も変わるのであり、ここに修行の意味がある。ブッダは無師独悟で真理の世界に悟入した。そしてその体験を教えとして言葉で表現し、また八正道として行動の規範を示した。つまり、真理を悟れば、その行動は自ずと八正道となるが、我々の側から言えば、ブッダの語った教えにしたがい、行動の規範（八正道）を実践することで真理の世界に悟入する。つまり、行動を変えることで思考を変える（＝悟る）のだ。我々がいきなり真理の世界に悟入することは至難の業であるから、まずはその行動を真似ることが悟りの手がかりとなる。

喩えで説明しよう。中学高校時代に部活動（スポーツ）を経験した人ならわかると思うが、負けているときこそ声を出せと言われる。元気があるから大きな声も出ると考えるのが普通だ。これは「心→体」の側面だが、大きな声を出すことで元気になることもある。これは「体→心」の側面と言えよう。可笑《おか》しいから笑うのだが、無理して笑っていると、可笑しくなることもある。

ではこれをふまえ、利他と他力の関係を考えてみよう。まずは「心→体」の方向から。他力の働きを感得することで自我が崩壊して無我（真実の自己）となり、無我となった自己は他者との境がとれて自利即利他に基づいた利他が実践できるようになる。つまりこれは、他力（仏・神）との出逢いが他者（人）への利他を促す場合である。一方、その気はなくとも（さらに悪く言えば「いやいやでも」）他者にたいして利他を実践していれば、徐々に自我が崩壊し、それに伴って他力の働きに気づくこともある。これは、他者（人）への利他を通じて他力

（仏・神）を感得する場合だ。

いずれにせよ、その存在をどう呼ぶかは別にして、宗教は人間を超えた存在を前提にするので、それによって人間存在（自我）を相対化する構造を持つ。だから、宗教は顕著な利他行を実践する人物を数多く輩出してきた。

## 他力から始まる布施

他力を前提に布施を再考すると、面白いことがわかる。布施は利他の典型例だが、他力の働きかけを想定しない場合、布施はゼロベースが基本になる。この状態で布施をすれば、布施者はマイナスになるから、それを埋め合わせるために見返り（プラス）を求め、プラマイゼロの状態を取り戻そうとする。つまりこの布施は「利己的な布施」となる。だが、他力の一方的な働きかけを前提にすれば、布施の意味が変わってくる。我々の誕生を手がかりに、この問題を考えてみよう。

「生まれる（be born）」という表現が象徴するように、我々は自らの意思でこの世に〝生じた（能動態）〟のではなく、気がついたら〝生みだされていた（受動態）〟。仏教的に言えば、我々は前世でなした業に基づいてこの世に〝生じる（能動態）〟のだが、現実的な感覚としては自らの意思を超えたところで、この世に〝存在させられている（受動態）〟。誕生に関して、我々はまったく関与できないのだ。「仏力」という仏教固有の概念を持ち出さずとも、我々の存在は「我ならざる力」という意味での「他力」に生みだされ、絶対的な受動の立場にある。

たとえば、時間的には生物学的な遺伝情報の間断なき連鎖、空間的には授乳や襁褓《おしめ》の世話という他力の一方的な働きかけにより、我々は誕生し存在している。この他力の働きがなければ、我々は死に絶えていた。とすれば、我々は誕生の時点ですでに大きな負債（マイナス）を抱えており、誕生後も生きていくかぎり、その負債は増え続ける。

これを前提に、布施を考えるとどうなるか。他力の働きかけを想定しない場合、布施は「ゼロベース」が起点だったが、他力の働きかけを前提にすれば、起点は「マイナスベース」となる。内田はこれを「人のお世話をするというのは、かつて自分が贈与された贈り物を時間差をもってお返しすることなんですから。反対給付義務の履行なんですよ」（内田・岡田［2015: 144］）と指摘する。だから布施の見返りを期待することは見当違いなのだ。他力を前提にすれば、布施も理想に一歩近づけることができよう。

キリスト教の神の愛（他力）と隣人愛（布施などの利他）も、内田の指摘する「反対給付義務の履行」でうまく説明がつく。まずは「神の愛ありき」なのである。

## 無我と芸術

勝れた宗教家が無我の体得者であるのと同様に、勝れた芸術家も無我の体得者といえる。少し脇道に逸れるが、無我と芸術との関係について考えてみよう。

宗教と芸術はイコールではないが、形而上（形を超えたもの）の何かを形而下（形あるもの）で〝表現〟するという意味では共通する。また強（芸術）弱（宗教）はあるが、両者とも「美」を意識する。宗教に特有な「聖なるもの」に触れうるのは「美」を通してであると若松は指摘する（若松・山本［2018: 282］）。

芸術家が作品を創作するさい、「私が作品を創作する」という意識はない。そこには「自我」が存在しているからだ。画家がキャンバスを前にし、またピアニストがピアノを前にしているとき、「私が素晴らしい絵を描く／私は人を感動させるような旋律を奏でる」という意識はないだろう。そういう自我がすっかり消え去り、無我の状態になって形而上の〝何か〟とつながった（＝〝何か〟の器となった）とき、傑作が誕生する。具体例を挙げて説明してみよう。まずは板画家の棟方志功から。

河合［1986: 150–151］は棟方の仕事について、柳宗悦の「棟方の仕事は『作る』という性質より『生まれる』という性質の方が濃い」という評価を紹介する。つまり、「棟方が作品を作る」のではなく、「作品が棟方を通して生まれてくる」。だから、棟方は「私は自分の仕事には責任を持っていません」と言う（平岡［2018: 48］）。

同様の指摘は、陶芸家の濱田庄司にもみられる。バーナード・リーチも同席していた場所で、濱田が大皿に釉掛する時間が一五秒ほどだったのを見た訪問客が、「あまりに速過ぎて物足りなくはないか」と尋ねると、濱田はこう答えた。

しかしこれは十五秒プラス六十年と見たらどうか。自分でも思いがけない軽い答えが出た。リーチも手を打ってうまく答えたと悦ぶ。こうなると、この仕事は自分の考えより、手が学んでいたさばきに委したに過ぎない。結局六十年間、体で鍛えた技に無意識の影がさしている思いがして、仕事が心持ち楽になってきた。

今の願いは私の仕事が、作ったものというより、少しでも多く生まれたものと呼べるようなものになってほしいと思う（濱田［2000: 15–16］）。

濱田が理想とする作品は、無意識の影の力により、「自分が作る」ものではなく、「自分を通じて生まれてくる」ものなのである（ちなみに「六十年」とは濱田の陶芸家としてのキャリアの年数）。

最後に、芸術家の岡本太郎を取り上げよう。彼は「芸術の価値転換」に関して、つぎのように宣言する。

今日の芸術は、うまくあってはいけない。きれいであってはならない。ここちよくあってはならない（岡本［1999: 98］）。

本書の文脈でこの宣言を読み解けば、それは自我を否定しきったところに現成する無我の立場でなされる営みこそ「芸術」と呼ぶにふさわしいということになる。「うまく／きれいに／ここちよく」には自我の〝計らい〟が胚胎しているからだ。こうして自我が無我に徹して形而上の〝何か〟との通路を回復したとき、芸術家を媒体として勝れた作品が生まれてくる。このように、芸術においても「無我」は勝れた作品を生みだす基盤となるのだ。

## 「自我の相対化」の負の側面

他力の働きかけにより、自我を相対化して無我に徹すれば、それは本来の自己として絶対者との通路を回復するとともに、他者との通路も回復し、関係性の中にある真実の自己に目覚めることができる。そうなれば、自利と利他とは相即し、ごく自然に利他が実践される。しかし、自我の相対化には負の側面も存在するので、この点を考えてみたい。

仏教の縁起思想は、すべてを関係性の中に納めとる。自分という存在も他者との関係性の中ではじめて存在できるが、人間には我執や我所執という煩悩があるので、自分と他者とを切り離し、自分だけで存在しているかのごとき錯覚を覚える。こうして本来の「自己」は「自我」に堕し、真実から遠ざかる。この錯覚（妄想）を打ち破るのが他力だった。たしかに他力によって自我を相対化するのは本来性を回復するのに重要だが、一歩間違うと危険な側面もある。それは絶対者に相対化されることで、自分という存在が軽くなることだ。それはときに絶対者への盲目的服従を生む危険性を孕む。

たとえば、皇国史観に基づき、神（天皇）を守るために戦闘機ごと敵艦に突っ込む神風特攻隊、ジハード（本来の意味は「〈神の道のために〉奮闘努力すること」を意味する）の名の下になされる自爆テロ、そして最近の日本では一九九五年に起こった地下鉄サリン事件など、自らの命も含め、他者の命も軽んじる事件が宗教に関連して起こっている。これは人間存在が絶対者に誤って相対化されたために起こったとも理解できよう。だが、それはもはや「相対化」ではなく「無化」と表現する方がふさわしい。

ここでは、国家主義（あるいは超国家主義）という観点から「全体（国家）」と「個人」の問題を考えてみよう。国家主義とは「個人よりも国家に絶対的な優位性を認める国家至上の考え方」であり、超国家主義（ultra-nationalism）とは一般に「極端な（ultra-）国家主義」を意味するが、一方で「国家主義を超えるもの」とも理解され、「現実の国家を超越した価値を追求する考え方」である。

後者の意味での超国家主義は、国家という世俗を超える価値を追求するため、宗教と深く結びつく。戦前の日本を席巻した超国家主義の背後には神道や日蓮の仏教があった（中島［2018］）。国家主義にせよ超国家主義にせよ、いずれも国家（あるいは国家を超える理念）によって個人が無化されるという点では同じだ。では中島［2018］に基づき、日本の超国家主義について考えてみよう。

中島は、明治期から戦前にかけて超国家主義に傾倒していった人物を取り上げ、各自の生き方や思想を解明しているが、その共通項として青年期の「煩悶」を挙げる。彼らは精神的苦悩

〈煩悶〉を重ねる中で宗教に救いを求め、自己を超えた世界との一体化を希求し、一なる真理への回帰を志向した。「私」と「世界」を隔てる障壁を排除し、宇宙全体と一体化することでアイデンティティの絶対性を獲得し、世界との繋がりを回復しようとしたのである。そのさい、煩悶青年の一人である高山樗牛は、「私」と「宇宙全体」を媒介するもの（つなぐもの）として「国家」を位置づけた。

国家は宇宙と一体の存在である以上、具体的でありながら、普遍的でなければならない。つまり国家は国家でありながら、国家を超えている必要がある。つまり、超国家でなければならないのだ。こうして煩悶青年たちは「国家改造→理想国家の確立→世界統一→絶対的救済の成立」という進化論的な構想を共有し、社会変革と一体化した煩悶の克服を追求した。では、彼らの超国家主義はどこに問題があったのか。中島はカントの「統制的理念〈実現不可能な高次の理念〈現状にたいする批判の源泉として機能〉〉」と「構成的理念〈実現性を前提とした理念〉」とを依用して、こう説明する。

我々人間は不完全な存在であるため、不完全な世界にしか生きられない。よって我々は「永遠の微調整」を繰り返しながら、「永遠の過渡期」を生きるしかない。人間が不完全である以上、統制的理念は永遠に実現されないが、統制的理念を掲げることによって構成的理念を紡ぐことができる。ここに統制的理念の存在がある。重要なのは、統制的理念と構成的理念の位相の違いを認識することであり、両者を混同して、統制的理念（超国家）の構成化（実現）を目指したとき、壮大な暴力的悲劇が起こると中島は指摘する。超国家主義は個人の〝相対化〟を超え、〝無化〟してしまう危険性もあるので、自分の命も他者の命も平気で奪ってしまう。

### 「自我の相対化」のあるべき姿

自我の相対化（あるいは「全体と個」の問題）はどうあるべきか。まずは「悪」に関して議論する若松・山本［2018: 227 ff.］を参考に、キリスト教の場合からみていこう。

山本は「キリスト教は常に個を守ろうとしてきた。たしかにキリスト教的な神秘主義では「神との一致」を説くが、「一致」と「融合」とは違う。神と深く結びつくことによって個が個としてますます輝き出し、お互いを個として認め合う世界が開かれていくというのがキリスト教本来の考え方だ（要約）」と指摘する。ドストエフスキーの『悪霊』のエピグラフにもなっている「ルカ」第八章の「悪霊に取り憑かれた男の物語」にもあるように、「悪霊に取り憑かれる」とはまさに個を失っている状態だと山本は言う。

つぎに、仏教における「自我の相対化」を考えてみよう。仏教は縁起を説く。紙の表裏は相即（縁起）し、それ単独では存在しえないが、そうかといって「表＝裏」ではない。表（裏）が裏（表）に吸収されることはないのだ。裏（表）は表（裏）に支えられながら、依然として裏は裏、表は表としての存在感を示す。決して一方が他方を飲み込んだり吸収したりはしない。絶対者と人間の関係も同様だ。仏教も法（真理）や仏の光に照らされ、その光を意識することで、個が輝き出す。この点を忘れると、誤った相対化が行われてしまう。

ではさらに、この問題を「全体」と「個」の関係からさらに考察してみよう。縁起思想から発想すれば、個は全体の一部でありながら、決して全体に吸収されて姿を消すことはない。この点を明確に示すのが、中国仏教で展開した華厳思想だ。ここではインド仏教で誕生した縁起思想がさらに精緻に理論化され、「法界縁起」として結実している。では、その内容を簡単に説明しよう。

華厳の縁起思想で特徴的なのは、縁起が「相入《そうにゅう》／相即《そうそく》」で表現されていることだ。ではまず、「相入」からみていく。相入を説明するには「共済」という考え方がわかりやすい。共済とは参加者が少しのお金を出し合い、何らかの不幸に見舞われた人に、ある一定の大きな金額が支払われる仕組みである。不幸に見舞われた人はその他のすべての人々に支えられるし、また立場が変われば、今度はその人が他者を支える側に回る。まさに「一入一切／一切入一」の世界だ。一人の働きが一切の人に入り（影響し）、また自分が困ったときは一切の人の働きが自分一人に入ってくる（影響を及ぼす）。

日本の融通念仏宗もこの華厳教学の相入に基づいた念仏を説く。これは天台宗の僧侶・良《りょう》忍《にん》が提唱した念仏だ。自分の称える念仏が一切の他者に功徳を融通し、また一切の他者の称える念仏が自分に融通される。念仏の共鳴共振だ。

つぎに「相即」を考えてみよう。部分と全体を考える場合、ある部分を「主」とすれば、その他の部分はすべて「従」となる。しかしこれは固定されてはいない。別の部分が「主」となれば、さきほどまで「主」であった部分も含め、他の部分がすべて「従」となる。すべての部分が「主」を主張すれば全体は成り立たないし、逆にすべての部分が「従」になれば全体は消滅する。

これを野球の打順で考えれば、つぎのようになる。一番打者（主）が打席に立てば、それ以外の打者（従）はベンチで応援する。しかし、つぎに二番打者（主）が打席に入れば、それ以外の打者（従）は一番打者も含めて主役の二番打者を応援する。こうして平等に打者（主役）が入れ代わり、それぞれが順次、主と従との役割を果たす。全員が打席には入れないし、誰も打席に入らなければ試合は成立しない。個別の打者（一）はそれぞれの打順に応じてチーム

（一切）を代表し（一即一切）、またチーム（一切）があるからこそ個別の打者でありうる（守備も同じ）。

こうして、それぞれが主と従とを適切に演じれば安定や調和が生まれるが、すべてが同時に主や従を主張すれば、安定や調和は容易に崩れてしまう。これが部分と全体の相即関係だ。仏教はこのように個と全体の関係を考えるので、決して個は全体に吸収され、無化されることはないのである。

## 理想的な利他は他力に基づく

ずいぶん脇道に逸れたが、再度、本書の主張を確認し、本書を閉じることにする。

「情けは人のためならず」に代表されるように、利他は結局のところ利己につながっているので、純粋な利他はありえないという指摘も散見する。よって、「利己的な利他」という矛盾した表現も誕生した。だが、仏教の根本思想「縁起」に基づけば、自分と他者とは本来「不二」の関係にあるから、「利己」か「利他」かという分析的思考に基づいた「二分法」の発想でこの問題を考えること自体が、そもそも間違っている。

さてここで、「はじめに」で問題提起しておいた「純粋な利他」について私見を述べよう。

「純粋な利他」は本来ありえない。いや、あるにはあるが、それは「理想の利他」ではない。自分と他者とは縁起で関係しているのに、自分と切り離して他者を利することは「自己犠牲」以外の何ものでもないからだ。よって、それは理想の利他ではないのである。問題の本質はそこではない。

我々が真に問題にすべきは「利己か利他か」ではなく、それを実践する「自分のあり方」だ。本書では「自分」の日常的なあり方を「自我」、本来的なあり方を「自己」と呼んだ。本来的に我々は「縁起」という真理（他力）に貫かれ、また他者とも「不二」の関係で結ばれている「自己」として存在しているが、煩悩ゆえに本来のあり方を忘れ、他力や他者との関係性を断ち切り、それらとの通路を遮断して孤立化する。これが「自我」の状態。この自我の状態で実践する利他はまさに「利己的な利他」であり、善を押し売りして、かえって他者を困らせることになる。

この自我が本来性（自己）を取り戻すには、他力の働きによって自我を否定（無我）し、相対化する必要があった。そうすることで、遮断されていた他力との通路が回復するとともに他者との関係性も回復し、理想的な利他を実践する土台ができあがる（これとは逆に、他者への利他を実践することで他力への通路を回復する仕方もあることはすでに指摘したが、ここでは省略)。この「無我(=〝自我〟の否定)」は「真の自己/理想の自己」と同義語なので、「無化(〝自己〟の否定)」ではないから、これで超国家主義も乗り越えることができる。

ただし、無我に徹するのは至難の業だ。そもそも、それができれば悟って仏になるわけだから、簡単なはずがない。かといって、その努力を放下すれば、いかなる進歩も見込めない。だから、我々凡夫は「他力」の存在を信じ、それを前提に、現実の自分に満足せず、理想を目指して今の自分のあり方を常に否定する必要がある。これならできそうではないか。理想は永遠に実現されないが、それを常に意識し、それを目指すことで現状を打破し、一歩でも理想的な利他に近づける。実際には、理想を実現〝する〟ことよりも、理想を実現〝しよう〟とすることに、より大きな意味がある。

伊藤[2021]は、東京工業大学の中にある人文社会系の研究拠点「未来の人類研究センター」で共同研究を行っている五人のメンバーが、それぞれの立場から「利他」を語った書であり、多角的な側面から利他が考察されている。最後の「おわりに——利他が宿る構造」で、執筆者の一人でもある中島岳志が五人の所論をとりまとめて総括しているが、そのキーワードは「うつわになること」だと指摘する。これを本書の文脈で表現すれば「無我」であり、そのアイデアは通底している(と思う)。閉じた自我が他力にも他者にも開かれていくとき、自我は消え去って無我となり、自己が現成して自利即利他という理想的な利他が実現する。「理想的な利他は他力に基づく」ことを最後の最後に確認し、本書を閉じる。

# おわりに

昨年の秋、春秋社の佐藤清靖氏より電話がある。「利他について本を書いてみませんか」というオファーだった。二〇二〇年には、これも佐藤氏の勧めで『菩薩とはなにか』を出版していたので、「菩薩のつぎは利他か。なるほどね」というのが正直な感想だった。菩薩と利他とはつながってはいるが、利他についてはすでに何冊かの著書が出版されており、「今さら利他に関して何か新しいことが提示できるだろうか」という不安の方が出版の期待を上回っていたのである。しかし……。

前著『菩薩とはなにか』も、当たり前のテーマでありながら、佐藤氏の勧めで、いざ執筆してみると新たな気づきが多くあり、納得のいく一冊となった。よって今回も、不安を感じた直後、「今回もひょっとして」と思い直し、快諾した。

切り替えは早い方なので、ブレインストーミング的に思いつくままメモ用紙に関連用語を書き出し、ラフな目次を作成してみた。「なんとなく形になりそうだ」という実感が持てた。その後、利他に関する著書を購入し、読み進めていくうちに、おぼろげながら「他力」の尻尾が見え隠れし、さらに思考を巡らしていくと、「理想的な利他の背後には他力がある！」と確信できた。「よし、これで書ける！　利他に関する新たな知見が提示できる！」と自分に言い聞かせ、今回も何とか形にすることができた。佐藤氏の炯眼には脱帽である。

突然だが、私は「ずぼら」かつ「横着」で、あまり自分から主体的には行動しない。しかし、ここぞというときに運命が動き出し、何かをやる状況が整うことがある。今まで人生の節目でそんなことが何度かあった。そのたび「なんで私がこれをしないといけないの！」と運命を呪ったこともある。

しかし、それでもやってみると、これが不思議に結果として「やってよかった」となる。一度や二度なら偶然で片づけられるが、けっこう頻繁に起こるので、あるときからは開き直り、「これは仏さんの命令だ！」と思うようにし、「来るものは拒まず」で接している。そういうわけで、今回のオファーも仏力という他力が佐藤氏を通じて私に作用したのだろう。私の場合、他力に身を任せて生きるのが楽でいい。すべてを仏さんに任せていれば、万事うまくいく。「無我」にも「器」にもなれていないが、他力の働きは確信できる。

だが、その当の佐藤氏から四月末日に突然、「今月をもって退職します」というメールが届いた。今回の著書も最後まで佐藤さんが伴走してくれるものと思っていただけにずいぶん吃驚したが、ずぼらで横着な私が佐藤さんの退職までに原稿をお送りし、出版のGOサインを頂戴できたのは、不幸中の幸いであった。

なお、本書はキリスト教に関する論攷を扱ったため、東京基督教大学教授の大和昌平先生のお手を煩わせた。先生はキリスト教徒でありながら、佛教大学で仏教学の修士号も取得され、キリスト教はもちろん仏教にも造詣が深い。佛教大学時代に結んだご縁により、今回ご叱正をお願いした次第である。大和先生、ありがとうございました。

さて、今回はベテラン佐藤氏の後を継いだ若手の水野柊平氏に編集をお願いした。本書がより多くの読者に届くようにと、水野氏は時間をかけて根気よく原稿の随所にコメントを付し、読みやすさを追求してくださった。最後になったが水野氏にも衷心より謝意を表したい。水野さん、ありがとうございました。

二〇二二年八月二七日

平岡　聡

# 引用文献ならびに主要参考文献


阿満　利麿　2007.『親鸞　普遍への道：中世の真実』筑摩書房。
―――　2011.『親鸞』筑摩書房。
新井　一光　2021.『慈悲論』山喜房佛書林。
一郷　正道　2001.「仏教に触れる道」『仏教学セミナー』74, 1-19.
イアコボーニ、マルコ　2009.『ミラーニューロンの発見：「物まね細胞」が明かす驚きの脳科学』早川書房。
伊藤　亜紗（編）2021.『「利他」とは何か』集英社。
稲場　圭信　2011.『利他主義と宗教』弘文堂。
岩下　壮一　2015.『カトリックの信仰』筑摩書房（初版：講談社, 1994）。
内田樹・岡田斗司夫　2015.『評価と贈与の経済学』徳間書店。
内村　鑑三　1946『後世への最大遺物・デンマルク国の話』岩波書店。
岡田真美子　2004.「生命システムと供養」桑子［2004: 168-189］.
岡本　太郎　1999.『今日の芸術：時代を創造するものは誰か』光文社。
沖　守弘　1984.『マザー・テレサ：あふれる愛』講談社。

沖本　克己　1981.「大乗戒」平川（他編）［1981: 183–221］.
小澤　俊夫　1994.『昔話のコスモロジー：ひとと動物との婚姻譚』講談社。
小田　　亮　2011.『利他学』新潮社。
小原　嘉明　2016.『入門！　進化生物学』中央公論新社。
頭木　弘樹　2020.『食べることと出すこと』医学書院。
加藤　精一　2012.『空海入門』KADOKAWA.
河合　隼雄　1986.『宗教と科学の接点』岩波書店。
――――　1998.『こころの処方箋（新潮文庫）』新潮社。
河口　慧海　1978.『チベット旅行記（一）』講談社。
木越　　康　2016.『ボランティアは親鸞の教えに反するのか：他力理解の相克』法藏館。
君野　隆久　2019.『捨身の仏教：日本における菩薩本生譚』KADOKAWA.
キング、J. バーバラ　2014.『死を悼む動物たち』草思社。
隈元　正樹　2013.「現代日本のモノ供養」『中央学術研究所紀要』42, 101–119.
黒田　草臣　2006.『名匠と名品の陶芸史』講談社。
桑子　敏雄（編）2004.『いのちの倫理学』コロナ社。
國分功一郎　2017.『中動態の世界：意志と責任の考古学』医学書院。
小松邦彰・花野充道（編）2014.『日蓮の思想とその展開（シリーズ日蓮２）』春秋社。

コロディエチュック、B.（編） 2014. 『マザーテレサ：来て、わたしの光になりなさい！』女子パウロ会。
ゴンザレス＝バラド、J. L. 2000. 『マザー・テレサ：愛と祈りのことば』ＰＨＰ研究所。
境野 顕廣 2017. 『利他力』Kindle 版。
桜部 建 1969. 『倶舎論の研究：界・根品』法藏館。
―― 1974. 「功徳を廻施するという考え方」『仏教学セミナー』20, 93–100.
佐々木 馨 2014. 「鎌倉仏教と日蓮の思想」小松・花野［2014: 161–182］.
佐々木徹真 1956. 「親鸞の非僧非俗に就いて」『印度学仏教学研究』4–1, 152–153.
島田 裕巳 2007. 『日本の10大新宗教』幻冬舎。
下田 正弘 1990. 「東アジア仏教の戒律の特色：肉食禁止の由来をめぐって」『東洋学術研究（特集・アジア文化の種々相と仏教）』29–4, 98–110.
シンガー、ピーター 2015. 『あなたが世界のためにできるたったひとつのこと：〈効果的な利他主義〉のすすめ』ＮＨＫ出版。
末木文美士 1998. 『鎌倉仏教形成論：思想史の立場から』法藏館。
―― 2017. 『草木成仏の思想：安然と日本人の自然観』サンガ（初版二〇一五）。
高尾 利数 1980a. 『聖書を読み直すⅠ：旧約からイエスへ』春秋社。
―― 1980b. 『聖書を読み直すⅡ：イエスからキリスト教へ』春秋社。

――――　1996.『イエスとは誰か』ＮＨＫ出版。
高木　訷元　2003.「衆生救済の理念と実際：二利円満と四恩抜済」高木・岡村（編）[2003: 154–169].
高木訷元・岡村圭真（編）2003.『密教の聖者　空海（日本の名僧４）』吉川弘文館。
高崎　直道　1992.「慈悲の淵源」『成田山仏教研究所紀要：特別号仏教文化史論集１』15, 161–188.
高崎直道・梅原猛　1969.『古仏のまねび〈道元〉（仏教の思想11）』角川書店。
高田　修　1967.『仏像の起源』岩波書店。
竹村　牧男　2015.『日本仏教　思想のあゆみ』講談社。
田中ケネス（編）2018.『仏教と慈しみ：〈自利利他〉がわかるオムニバス仏教講座』武蔵野大学出版会。
中島　岳志　2018.『超国家主義：煩悶する青年とナショナリズム』筑摩書房。
――――　2021.『思いがけず利他』ミシマ社。
中坊　公平　1999.『罪なくして罰せず』朝日新聞社。
長尾　雅人　2001.『仏教の源流：インド』中央公論新社（初版：大阪書籍, 1984）。
中村　剛　2009.『井深八重の生涯に学ぶ：〝ほんとうの幸福〟とは何か』あいり出版。
中村　哲　2013.『天、共に在り：アフガニスタン三十年の闘い』ＮＨＫ出版。
――――　2020.『希望の一滴：中村哲、アフガン最後の言葉』西日本新聞社。

――――2021.『わたしは「セロ弾きのゴーシュ」』NHK出版。
中村　元　1981.『慈悲』平楽寺書店。
並川孝儀　2005.『ゴータマ・ブッダ考』大蔵出版。
西澤まゆみ　2016.『道元禅師と日本中世社会：教化の諸相を中心として』（学位論文：駒澤大学）。
西田幾多郎　1989.『西田幾多郎哲学論集 Ⅲ』（上田閑照編）岩波書店。
西谷啓治　1961.『宗教とは何か』創文社。
日本仏教社会福祉学会（編）2014.『仏教社会福祉入門』法蔵館。
服部進治　2021.『行動する「自利利他円満」の仏教：宮沢賢治・親鸞・道徳論をめぐる断章』同時代社。
バトソン、C. ダニエル　2012.『利他性の人間学：実験社会心理学からの回答』新曜社。
濱田庄司　2000.『無盡蔵』講談社。
速水侑（編）2004.『民衆の導者　行基（日本の名僧2）』吉川弘文館。
平岡聡　2007.「慈悲としての神通・神変」『日本仏教学会年報』72, 63-76.
――――2016a.『ブッダの処世術：心がすぅーっと軽くなる』ワニブックス。
――――2016b.『〈業〉とは何か：行為と道徳の仏教思想史』筑摩書房。
――――2018.『浄土思想史講義：聖典解釈の歴史をひもとく』春秋社。
――――2019a.『南阿弥陀仏と南無妙法蓮華経』新潮社。

――― 2019b.『法然と大乗仏教』法蔵館。
――― 2020a.『進化する南無阿弥陀仏』大蔵出版。
――― 2020b.『菩薩とはなにか』春秋社。
――― 2021.『鎌倉仏教』KADOKAWA.
――― 2022a.『親鸞と道元』新潮社。
――― 2022b.『仏と菩薩：初期仏教から大乗仏教へ』大法輪閣。
平川　彰（他編）1981.『大乗仏教とは何か（講座・大乗仏教1）』春秋社。
――― 1989.『初期大乗仏教の研究I（平川彰著作集第三巻）』春秋社。
干潟龍祥・高原信一 1990.『ジャータカ・マーラー〈本生談の花鬘〉（インド古典叢書）』講談社。
藤田宏達 1970.『原始浄土思想の研究』岩波書店。
――― 2007.『浄土三部経の研究』岩波書店。
星　倭文子 2013.『会津が生んだ聖母　井深八重：ハンセン病患者に生涯を捧げた』歴史春秋出版。
堀田結孝 2013.「書評：C. ダニエル・バトソン（著）菊池章夫・二宮克美（共訳）『利他性の人間学：実験社会心理学からの回答』」『社会心理学研究』29-2, 123–124.
細川涼一 2004.「忍性の生涯」松尾（編）[2004a: 111–141].
本郷真紹 2004.「行基と律令国家」速水（編）[2004: 49–79].
前谷　彰 2007.「忍性律師の慈善事業観」『日本仏教学会年報』72, 165–175.

マザー・テレサ　2000.『マザーテレサ：愛と祈りのことば』ＰＨＰ研究所。
松尾　剛次　1995.『鎌倉新仏教の誕生：勧進・穢れ・破戒の中世』講談社。
――――（編）2004a.『持戒の聖者　叡尊・忍性（日本の名僧10）』吉川弘文館。
――――　2004b.「叡尊の生涯」松尾（編）[2004a: 13-44].
水野弥穂子（訳）1992.『正法眼蔵随聞記』筑摩書房。
三谷はるよ　2016.『ボランティアを生みだすもの：利他の計量社会学』有斐閣。
八木　誠一　1977.『イエスと現代』ＮＨＫ出版。
安井　広済　1963.「入楞伽経における肉食の禁止：はしがき・梵文「食肉品」和訳・梵文訂正」『大谷学報』43-2, 1-13.
大和　昌平　2015.『牧師の読み解く般若心経（新装版）』株式会社ヨベル。
山本周五郎　2008.『雨あがる』角川春樹事務所。
山本　芳久　2021.『キリスト教の核心を読む（学びのきほん）』ＮＨＫ出版。
若井　敏明　2004.「行基と知識結」速水（編）[2004: 109-136].
若松　英輔　2018.『神谷美恵子：生きがいについて（100分 de 名著）』ＮＨＫ出版。
若松英輔・山本芳久　2018.『キリスト教講義』文藝春秋。
鷲田　清一　1996.『じぶん・この不思議な存在』講談社。
和辻　哲郎　2011.『道元』河出書房新社。

平岡　聡（ひらおか　さとし）
1960（昭和35）年、京都市生まれ。佛教大学卒、同大学院博士後期課程満期退学。ミシガン大学アジア言語文化学科留学（1987 ～ 1989)。現在、京都文教大学教授、京都文教学園学園長。博士（文学)。著書に『法華経成立の新解釈』（大蔵出版)、『大乗経典の誕生』（筑摩書房)、『親鸞と道元』（新潮社)、『鎌倉仏教』（KADOKAWA)、『菩薩とはなにか』（春秋社）などがある。

理想的な利他――仏教から考える
二〇二三年一月三十一日　第一刷発行
著　者　平岡　聡
発行者　神田　明
発行所　株式会社　春秋社
東京都千代田区外神田二―一八―六（〒一〇一―〇〇二一）
電話（〇三）三二五五―九六一一　振替〇〇一八〇―六―二四八六一
https://www.shunjusha.co.jp/
印刷所　萩原印刷株式会社
装　丁　鈴木伸弘
定価はカバー等に表示してあります。
 ISBN978-4-393-13463-4